左上 我和姐姐

左下 姐弟妹在照相馆

右上 幺叔、我、奶奶、妈、姐姐

初中合影

稻田边的童年时光

黄春华/著

中国出版集团 现代出版社

图书在版编目（CIP）数据

黄春华大爱系列. 稻田边的童年时光 / 黄春华著.—北京：现代出版社，2018.10（2021.6重印）

ISBN 978-7-5143-7316-5

Ⅰ.①黄… Ⅱ.①黄… Ⅲ.①黄春华–自传 Ⅳ.①K825.6

中国版本图书馆CIP数据核字(2018)第210419号

黄春华大爱系列. 稻田边的童年时光

作　　者　黄春华
责任编辑　张　霆　王志标
出版发行　现代出版社
地　　址　北京市安定门外安华里504号
邮政编码　100011
电　　话　010-64267325　64245264（传真）
网　　址　www.1980xd.com
电子邮箱　xiandai@vip.sina.com
印　　刷　永清县晔盛亚胶印有限公司
开　　本　880mm×1230mm　1/32
印　　张　8.25
字　　数　171千字
版　　次　2019年1月第1版　2021年6月第2次印刷
书　　号　ISBN 978-7-5143-7316-5
定　　价　39.80元

站在中年，回望童年。

目 录 Contents

1 老屋边的打谷场

人是什么时候有记忆的，很难说。我对这个世界最初的记忆就是，不停地下雨，雨水顺着瓦边边往下流，在台阶下砸起一个个大大的白泡泡，然后，再流到天井里面去。

冬天，瓦边边上滴了一夜的水，一觉醒来，看见都挂着冰锥。拿锹把子敲下来，握在手里，偷着冰舌头，丝丝凉，刺人，但甜。被人看见了，就假装在舞剑，嘎嘣断开，掉到地上，假装叹惜，正好掩过了自己的馋嘴，心中暗喜。

那时，我家住在类似四合院的土坯屋子里，房屋围成了一个“回”字，但中间没有院落，只有一个积水的天井。四面都住着谁，真记不起来了。因为还没等我明白事儿，屋子就拆迁了。我家搬到了离原来院落不过几十米的一个高坎上，还是土坯房屋。

我有一姐一妹，我们三个孩子都出生在回字形的院落里。隐约还记得妹妹在摇窝里的情形。摇窝是竹编的一个大筐，底部是拱圆形，里面垫上稻草，再铺上棉絮，就只剩一个鸟窝状的坑了。妹妹正好放得进去。

爹妈都早出晚归，忙生产队里的活儿，大舅就来照顾妹妹。大舅天生患小儿麻痹，走路不稳，不能上学，也不能下地，正好派上用场。他自己都很难站稳，摇起摇窝来就更加没个准头了，经常和摇窝一起翻倒在地，妹妹就从摇窝里倒了出来，满地打滚，哭声尖厉，有时像鸡叫，有时像猪嚎。大舅有没有让妹妹常在屎尿中泡着，我已经记不得了。

但有一件事我记得特别清楚，他带着我们到高坎上，趴在那里向田畈张望，说有一个邪子（疯子）。我探出头，真的看到一个蓬头垢面的婆子在田埂上奔跑，手舞足蹈。

我们吓得又笑又叫，往家跑。这一幕深深刻在我的脑袋里，以至我回望童年，一直能看到那个手舞足蹈的疯婆子，也能听到我们那又惊又怕的笑声。

回字形的房屋地形低凹，不易久住，拆迁之后，平成了一块大场地，成为一条边子上六户人家公共的打谷场。场地很大，每家都单独划分出一块，打谷晒谷就特别热闹。

我在这打谷场上还闹了一个大笑话。那天，爹在扬谷，我在旁边帮忙，偷闲还聊聊天。我有七八岁，我妈比我大两轮，同一个属相，都属鸡，我爹比我妈大一岁，属猴。那时，在我眼中，六十岁的人就显得老得不行了，于是，我说了句心底话：“一个人只要活到六十岁就行了。”

旁边有人马上就问我：“你爹活到六十岁，怎么办？”

我一看爹，壮得像头牛，根本就没想过他六十岁是什么样，于是，愣在那里。

我爹接话了："我听儿子的，只活到六十岁。"

哄，满稻场的人都笑了。之后很长时间，一直有人跟我打趣，说什么人到六十岁，只有一死。搞得我很是心虚，好像我一下成了天下最不孝的儿子。

好在我写下这段文字的时候，正是猴年，我爹已经七十二岁，除了哮喘，其他还好。我衷心祝他老人家能长命百岁。

那片打谷场也不是永久性的，后来，各家门口都有了打谷场，就不约而同地把各自那块场子翻耕过来，在不同的季节种各自的庄稼，有时黄豆，有时芝麻，有时花生，有时苞谷……

现在，偶尔回老家，站在屋边，就能望到那片庄稼。我有时会发呆：那些庄稼一茬又一茬，就像人世的轮回。我也是一种庄稼，只不过生长期比它们长些吧。

2 竹林的记忆

老屋拆迁，搬到高岗上之后，我的记忆也多了一些。最打眼的是门前的一片竹林，郁郁葱葱，密不透风。竹子不像山里的品种，一般都有碗口粗，我家竹子长到头也就茶杯粗，适合编箩筐、斗笠之类。

听妈隐约说起过，最初只有一蔸竹，是爹搞建设挖水库从工地带回来的，种在门前，就串成了一大片。

一蔸竟然能串成这么一大片，好嘛，有这种神奇的事情。那段日子，我也迷上了种树，拿个挖猪草的小铲，跑到后山上挖一些野树苗，什么松树苗、樟树苗，不论品种，只管大小，大的挖不了，只能挑小苗挖。挖回树苗，就一头钻进竹林，在里面找到一个空处，挖个小坑，把苗儿栽下，像模像样地培土、浇水。然后，就巴望着它能一夜之间长大，再串成一片树林。

当然没有，印象中，我栽的树苗就没有一棵成活。

栽树梦碎，并没有影响我对竹林的热情，没事我还是爱往里面钻，特别是夏天，外面热得喘不过气，里面浓荫密布，凉气袭人。

不光我爱往里钻，鸟也爱。我在里面常常会碰到成群的鸟，叽叽喳喳。最多的有两种，喜鹊和麻雀。喜鹊个儿大，压得竹子弯成一张弓，快承受不住了，吓得它们自己喳喳叫个不停，飞起又落下，弄得竹子哗哗响。麻雀个儿小，身轻脚灵，在竹叶间穿来蹦去，叽叽喳喳，也弄出不小的响声。都说鸟怕人，可它们不怕我。我一进林子，它们并不惊飞，最多就是给我腾出个地方来，然后，照样在竹枝上蹦蹦跳跳，又叫又闹，就像没我什么事似的。有时我心烦，嫌它们吵，挥手赶它们走，它们马上闭嘴，都一脸奇怪地望着我，好像我做了什么不可理解的事。好嘛，这竹林成它们家的了。

春天的时候，妈就不让我往竹林里钻了，怕踩坏了竹笋。一场春雨，竹笋就破土，新一代又出来了，用不了几天，就一拃高了，再过两天，半人高了，一不注意，就超过我了……我还从来没见过一个能长得像竹笋这么快的人呢！

我跑去问我妈，有什么办法能让我也长得像竹笋那么快。妈说，泼粪。我一听，那还是算了吧，臭大粪往我头上一泼，谁还肯跟我玩呀，哼！

竹林也有痛苦的记忆。有一次，我在里面玩耍出来，就感觉脚脖子疼，当时没太在意。第二天，脚脖子肿了，化脓了，脚都不能落地了。又过了几天，脓包穿了，爹让我忍着疼，然后，帮我挤脓包。不挤不知道，一挤吓一跳，里面竟然藏着一根刺，在我当时看来，是吓人的粗和长。

我从头到尾都没喊声疼，这下被那根刺吓得大哭，满心委屈——这么大一根刺，什么时候扎进脚里的？竟然在里面藏了那么久，谁也不管我……

爹笑着拍拍我的脑袋，说，狗肉，几天就好。

狗是最泼辣的，腿脚残了，不用管，找个僻静地方藏起来，过两天跑出来，全好了。

直到现在，我只要在大街上看见拖着残腿的狗，就会猛然感到自己脚脖子一抽，好像我真的已经和狗同病相怜了。别问我是哪只脚抽，不瞒您说，我真想不起当年伤的是哪只脚了。

常言说，好了伤疤忘了疼。不对呀，我的伤早已经好，也找不到疤在哪儿了，可是，我一生都忘不了那疼。所以，我一直相信，哪怕是条狗，也会疼。

3 妹妹的鞋

从记事起，家里就养了猪，要伺候猪，可不是件轻松的事。每天都要打猪草，一大篓子一大篓子往家提，好像多少都不够。

猪草到了家，还不能直接喂给猪，它不吃，得剁碎了，拌上糠，再倒上汤，才合它的胃口呢。比伺候老爷还讲究，真是。提起剁猪草，我就恨得牙痒痒，不说别的，只说那次一刀下去，差点没把我一根指头剁掉了。别提有多恨人了，为了伺候一头猪，我还得搭上小命吗?

一朝被蛇咬，十年怕井绳。自从剁了自己手指头一刀之后，再剁猪草，我就不敢用左手去把控了，只把猪草往砧板上一放，右手举刀猛砍，有仇似的，咚咚乱响。每每这时，妈总是冲过来喊:“又发懒，抽你的懒筋！”

我不敢顶嘴，又觉委屈，眼睛一眨巴，眼泪就往下滑。

妈一看，不好再发作，一转身，我又剁得震天响。几个回合之后，妈服了我的气，再不要我剁猪草了。用她的话说，再要我剁下去，砧板都换不赢。从那以后，姐姐就接过了我手中的刀。

不剁猪草，但打猪草是必须做的。打猪草也不轻松，因为顺便还得带着妹妹。妹妹还小，肯定是帮不上忙的，我一边打猪草，还要一边防着她走丢。

打猪草有时是在野地里，有时是在田地里。田地里有积水，难下脚，妹妹偏要跟下来。为了不让她把鞋搞坏，我就让她把鞋脱了，光着脚。

我只要在一块田地里埋头铲猪草，用不了多长时间，就会有各路伙伴聚拢过来。他们都提着篓子，捏着铲刀，在田里铲着以黄花菜为主的各种野菜。等大家都打满了一篓子，就有人提议来赢猪草。

这是我们常玩的游戏，在田地里挖一个水瓢大的坑，每人把自己的猪草抓一把放在里面。然后，大家围成一圈划黑白手，把右手背到背后，同时亮出，要么掌心，要么掌背。如果大家都一样，只有一个不同，那么，他就胜出了。他的权力就是可以站在画线的位置向坑里丢一次铲刀，当然，这条线离坑少说有十米远。如果他的铲刀落到了坑里，那么，一坑的猪草都归他了。游戏进入下一轮。如果他没中，那么，就该后面一个划掌胜出的人丢铲刀。

这种游戏的结果往往是，有些人篓子里猪草多得塞不进去了，有些人的篓子却空了。

那一天，只要该我丢铲刀，妹妹就在一旁扯着嗓子喊："哥哥，赢，哥哥赢！"她就像个小神仙，灵验，我每丢必中，赢了一大篓子猪草，太阳偏西，我高高兴兴地带着妹妹回家了。

一到家，妈刚从水田里回来，卷着裤腿，满脚泥。我不好意思表扬自己，只是把篓子往前送，想让妈看到我的战利品，然后夸我两句。可她不看我的篓子，只盯着妹妹的脚看——也许是妹妹也卷着裤腿满脚泥让妈有些亲近感吧。

我压住心底的得意，不敢说猪草是赢来的，只说："田里的猪草好多呀，都是黄花菜。"

妈这才看我的篓子，不仅看，还伸手去把猪草都抓出来。哦，妈怕我作假，有时打的猪草不多，为了充数，就把下面弄得很蓬松。这回可是货真价实，您只管检查吧！检查完了肯定会有一个大大的笑脸。

我正期待着，妈抬起了头，不是笑脸，而是怒气。我吓得倒退一步，没明白。猪草打多了也有错？

"妹妹的鞋呢？"妈发问了。

我这才明白，脑袋嗡的一下，空白了。我确实想不起把妹妹的鞋搞到哪里去了。

妈狠狠地把篓子里的猪草都倒出来，翻了个底朝天，也没见鞋的影子，就咬牙切齿地说："你搞到哪里去了？"

我望着妹妹，妹妹望着我，都不敢作声。

"还不去找，找不到就不要回来吃晚饭！"妈举起了手，我赶紧转身往外跑，免得落到身上。

妹妹也跟了出来。于是，我们沿着刚才凯旋的路垂头丧气地找了过去。路上没有，路边也没有，田地里那个坑还在，可怎么也找不到鞋。我急得团团转，妹妹跟着我屁股后面只叫哥。我们都清楚，找不到鞋，回去就没有好果子吃。

天黑了，鞋没找到，我不得不牵着妹妹往家走，心底充满了恐惧。

家里人都回来了，围着桌子吃饭，气氛非常沉闷，看来，谁也不能饶了我。我站在门口，低着头不敢往前走。

妈问："鞋呢？"

我不作声，答案非常清楚了。妈不再说话，爹和姐姐都望着我。妹妹拉着我的衣角，在我身边磨蹭。妈虽然一句也没责怪她，但我知道她的心里和我一样害怕。我们都硬着头皮等待着未知的东西砸到我们头上来，就像这夜的到来，谁也无法阻挡。

"这是什么？"妹妹突然叫了一声，伸手摸着我的裤子口袋。

我顺手一摸，差点没有晕厥过去。老天爷，那是鞋，妹妹的鞋，一边一只，一直揣着呢。

接下来发生了什么，我实在记不清了。但我永远记得，那时的一双鞋在妈眼里是多么的重，那份重我扛不起，我和妹妹俩也扛不起。

4 掀桌子

爹妈的结合也算是一段传奇。

爹是家中老大，14 岁时，我爷爷就死了，奶奶改嫁。爹带着两个弟弟相依为命，拉扯成人，一路的艰辛不必多说。

妈也是家中老大，下面有两个妹妹三个弟弟。外公是个教书先生，大舅天生腿脚不好，走路不稳，外公活着的时候，每天背着大舅去上学，可惜外公死得早，大舅就没能读两年书。

外公的兄弟有些田产，被定为恶霸，而且潜逃，下落不明。外公就受牵连，被民兵看押，非逼他说出兄弟的下落。外公不能忍辱，就决定结束自己的生命。

下过雨，牛走过，路面就会踩出脚印，最大的应该有脸盆那么大一个坑吧，里面积满了雨水。外公向看守申请上茅厕，人有三急，不得不允，而且没有谁愿意跟到那种臭烘烘的地方去。外公就在上茅厕的路上，把自己的头埋在牛脚印里，活活将自己闷死了。

我曾不止一次试过，把头捂在脸盆里，不管下了怎样的决心，最后还是会挣脱出来。所以，我一直想象不出，一个人能用这么一点点水将自己捂死，那该要怎样的决心呢！

妈受外公影响，学习一直很好，本来准备把书读到头，可是，三年自然灾害时期，学校解散，妈回到家里，就再也没有机会了。因为成分不好，妈是当地最有文化但从没被重用的非常规农妇，队里的会计遇到难题，也会趁黑偷偷跑到我家，向我妈请教。

爹经过苦难的磨炼，长成了强壮的小伙子，个子不高，挺帅。队长要招他为婿，他竟然不答应，得罪了队长，放弃了前程。队长搞清了状况，原来爹是想跟妈好，那还得了，于是，伸出手掌百般阻挠。爹是王八吃秤砣，铁了心。没辙，队长只好住手。

爹妈这一生都很相好，在我记忆中，只有一次闹翻了天。

正常情况是中午该我剁猪草喂猪，姐姐做饭。可那天我不想剁猪草，就要姐姐来剁，姐姐当然也不干。我们就开始吵嘴，越闹越大，最后就扭打起来。

爹妈从田地里收工回家，准备吃饭，没看到饭菜，只看到我和姐姐在地上打滚。爹非常恼火，就要揍我们，妈从中拦住，并亲自动手，做好了饭菜端上了桌。

爹的火气一点没消，上了桌子，说妈太娇惯孩子了，妈当然不承认是娇惯，于是，他们就吵嚷起来，越说越火，最后爹一把就掀翻了桌子，气哼哼地出门，下地干活儿去了。妈啥时候受过这种委屈，自然不依，闹着非要离婚不可。

也不知是谁传的信，眨眼之间，外婆、姨外婆都来到我家，一齐劝阻妈，顺便也责备我和姐姐。结果是大事化小，小事化了。

我着实虚惊了一场，就因为我偷懒不想剁猪草，竟然差一点闹得爹妈离婚。这是什么逻辑？事前事后我都想不明白。

但有一点我明白了，爹是真的疼爱妈的，在他火气冲天、怒发冲冠、忍无可忍的时候，他也没有去动妈一根手指头，而是用力掀翻了桌子，发泄了心中的不满。这在我看来，已经是最高境界的修养了，一个男子汉，有火不能不发，但一个真正的男子汉就算火冲到天上去，也不能动自己的女人一根毫毛。我爹就是这种人，无论是在他身强力壮的时候，还是在他年老体衰的时候，他看妈的眼神总是含着疼爱，就像早晨湿漉漉的雾气。

5 写字

姐姐上学了，每天背着书包出门进门，我觉得特别神气。趁她不注意，我就偷偷翻她的书包，拿出课本来看。字当然不认识，只看上面的画，就美得不行。

姐姐向妈告状，说我乱翻她的书。我死不承认，她又没当场抓着我，气死她。她就把书拿出来，一摊开，上面全是我的脏手留下的印迹。妈就不饶我，狠狠地数落我一顿。姐姐更是不饶我，背地里不是拳头就是飞脚。

我哭着去告状，她已经背着书包上学去了。

妈正在煮猪食，灶门口烟熏火燎的。为了安慰我，她站起身，拍拍手上的灰，说：“你不是要看书吗？我去给你拿一本。”她一转身，一伸手，真的从碗柜顶上摸到一本书，递给我。

我欢天喜地接在手里，一看，又瘪了嘴——全是密密麻麻的字，一张画都没有，一点也不好看。

妈看出了我的心思，就说：“又不是要你看画，是要你写字呢。”

我当时非常吃惊，问：“我还没上学呢，就能写字？”

“当然。”妈找来了一张纸和半截铅笔，让我坐在一张小板凳上，纸就铺在一张大凳子上。

她一边教我认，一边让我慢慢照着写——毛，泽，东，选，集……

那是我们家唯一的一本课外书，归我了。我没事就翻开来，随便抓出一个字，照着写。其实都不认识，就像画画一样，照着一笔一画地画，先画出来了，再去找妈问。妈喜得直拍我的脑袋，夸我能写这么多字了，就一个一个教我认。

我没告诉她，我是在玩一种游戏，翻开一页，用铅笔头儿数着字，唱着《丢手绢》，把每一个字都看作一个小伙伴，“丢手绢，丢手绢，轻轻地放在小朋友的后面，大家不要告诉他，快快快快抓住他，快快快快抓住他”，最后铅笔头子戳住的那个字，就是我要写的。一本纯文字的大部头书籍，在我这个学龄前儿童眼里一点也不枯燥，倒更像一座神奇的丛林，里面充满着未知的奇遇，我沉醉在丛林探险之中。

认字写字，我妈是我的启蒙老师，在她手把手的带动下，我求知的热情被渐渐点燃。

我妈是我们队最有文化的，但她并没有空闲专门来指导我，她只是在合适的时候给了我一本书，这就够了。她一开口一伸手，就有知识，就是文化，在她的影响之下，我的命运也由此注定要被知识改变。

6 跟屁虫

小的总是想追着大的玩，大的偏不肯跟小的玩，小的只有吊着鼻涕哼哼叽叽地跟在后面跑，于是，小的常常被叫作跟屁虫。

姐姐去山上打柴，我要跟她去，她不让。姐姐去池塘洗菜，我要跟她去，她不让。我偏要，她就告我妈。妈说：“你再要跟着去，就要你去剁猪草。”我吓得不敢再吵闹了。

平时姐姐上学，我肯定不能跟她去，好不容易等到一个休息天，她在家。太好了，我要她跟我一起玩。她不肯，说累了，睡午觉。好吧，我就跟她一起睡午觉，也算是她带我玩了吧。

可是，一觉起来，姐姐不见了。我问妈，妈说姐姐到嘎嘎（外婆）屋里去了。我转身就往外跑。

嘎嘎家离我家不算远，顶多就三四百米吧，中间隔着水塘。我刚跑到水塘堤上，就看见姐姐迎面走过来了。我伸手拦住了她，不让她回家。

她问我要干什么。我说要到嘎嘎屋里去玩。她说，你去吧。我说要她跟我一起去。她说她已经玩过了，不去了。然后，她一把推开我，就往家走。

我跳起来跺着脚，大哭，至今还能记得心中受的伤有多深。可是，我一路哭哭啼啼跟姐姐回到家，向妈说我的委屈，妈却笑了。妈显然不知道我的伤有多深，亲妈都不懂，那么，全世界都不会知道了。但我坚信，那是真正的伤。

伤过之后，我并没有领悟，照样讨厌跟屁虫。我说的跟屁虫就是我妹妹。那时我还没上学，最大的任务当然是带妹妹玩。

妹妹属鼠，小我三岁，走不稳更跑不快，在那个年龄段，简直就是代沟。我和几个同龄小伙伴一会儿在树林里玩，忽地一下又跑到田地里去了。把妹妹远远甩在后面，哭哭啼啼也不管。

有一次，我们一群小伙伴在稻场上转成一圈，玩丢手绢。这种游戏简单，妹妹还能扎在里面凑个数。玩了一会儿，有人提议到水塘边去捉迷藏。于是，呼啦一下，大家都跑了，直奔水塘。妹妹自然是又喊又叫，远远跟在后面，一步一步地跟过来。

我们捉迷藏不是固定在一个地方，本来是在水塘边开始的，可是，一眨眼，我们都跑到树林里去了。等妹妹来到水塘边上，已经没有人影了。

后来的事情都是听说的。妹妹不知怎么搞的，就顺着堤岸滚到了水塘里面，边上水不深，但她陷在里面爬不上来。就在这时，黄家老婆婆正好路过。黄婆婆已经七十多岁，裹着尖尖小脚，走路摇摇晃晃。她也不敢下去救妹妹，情急之下，不知从哪里搞来一张渔网，撒下去，拼了老命把妹妹拉扯上来。

我们听到喊声赶到，妹妹确实刚从渔网里面解出来，浑身泥水。

我不知道妹妹有没有因为这事恨过我。事隔多年，我一直不能忘记黄婆婆，我觉得她就是一个活菩萨，许多次，妹妹尿湿了裤子，我束手无策，都是她过来帮忙更换，每次都是用她孙女的衣服呢。

7 放　牛

在我七岁那年，家里添了一头牛，小牛，水牛，母牛，反正是一头可爱的牛。我一见就喜欢得不得了，下午，姐姐去放牛，牵着牛往山上走，我就跟着去了。姐姐拿着枝条赶我，我都不肯回家，我要看看小牛是怎么吃草的。

到了山上，牛开始吃草，姐姐就不再赶我走了。别人家的牛都是一丢，满山乱跑。姐姐怕小牛过去吃亏，就一直抓着绳子不放，独自在一边。那么大的山，她也许有点害怕了，很乐意有我跟在身边，有时候还把绳头递给我，让我牵一会儿牛。

我牵着牛的时候，她就在四周采野韭菜，最后采了一大把，够我们全家吃一顿的。

天黑了，我们牵着牛回家，妈黑着脸等着我们。

“一头小牛要两个人放吗？”妈很大的火气。

姐姐没吭声，牵着牛进牛栏去了。我连忙把野韭菜交给妈，大献殷勤。

要在平时，妈会笑得合不拢嘴，还会夸我一通。可这会儿不行，韭菜是接过去了，火气一点没消，妈指了指猪栏，说："都这么大的人了，只晓得偷懒，猪饿得直喊，哪个管？"

我这才醒悟，只因为来了一头牛，我就忘了猪，妈刚从田里收工，离家老远就听到猪撕心裂肺的叫声，难怪她心烦，火气大。我连忙去喂猪，才发现猪草也不多了（本来该我打猪草的），惊出一身冷汗。好在我用不多的猪草对付了一下，猪就不叫了，一切平息，等过了夜晚再说吧。

妈却不肯，当晚在饭桌上，又提到放牛的事，要我和姐姐决定，今后到底谁放牛——只能一个人放。

我马上抢宝似的说："我会放，我放。"一是我真心喜欢这头小牛，再则放牛确实比打猪草剁猪草喂猪要轻松，我想偷懒。

姐姐没有和我争，于是，我轻松获得了放牛权。

妈很认真地对我说："这牛是我们家的命根子，你要照看好，一天三餐：早上起来，先放牛，再回家吃饭上学；中午放学回家，先牵着牛去喝水，然后再喂草；晚上放学，到山上放牛，让牛吃饱才能回家。"

我满口答应。

从此，这牛就包在了我身上。我亲手拉扯着它从一个小牛犊子长成一头大水牛，我也从小学一直读到了初中毕业。高中我在当阳一中住读，平时就不能放牛了，假期回家还归我放。记得最后一次放牛，是在大学二年级暑假。再往后，爹妈都老了，种不动田地了，牛也老了，耕不动田地了。

有一天，电话里听妈说，牛卖了。我问卖给谁了。她说，屠宰场。我的心顿时像被钝器击中，眼泪顺着鼻边往下爬。那一天，谁也不知道我有多悲伤，为了那头和我一起长大的牛。我打过它，骂过它，也把不能告人的心事告诉它，它只是用大大的眼睛看着我，从来不说话。它为什么不说话呢？它只差说话了呀！

8 和蚂蚁写作业

我们那一条边边上住着一长排人家，呈反 L 形摆开。短边的两家是挨着的，一个是我们家，另一个是二爹（我爹的大弟）家。最开始幺爹（我爹的三弟）还没结婚，和二爹住在一起，当了几年兵，回来之后就结了婚，房屋够大，就直接把房间分成了两家，幺爹紧贴我家，隔壁。那时，奶奶改嫁的老头死于肺结核，她带着姑姑难以度日，就回来跟二爹住在一起。

那老头就住我外婆家旁边，我还有点印象，干瘦，爱咳嗽，每天挑担粪桶满地里捡粪，据说是队长安排的，这样也可以挣工分。那一天似乎很热，他挑着粪桶在门前面的土岗上走着走着，就歪了下去，嘴吐鲜血，再也没有起来。

长边上依次摆开的是艾国贵家、黄家才（黄婆婆的儿子）家、黄帮成家。

还有一家不在这条边边上，和我们隔着一口池塘，是段德操家。

这些家的孩子大小都差不了几岁，等我上学的时候，大家几乎都进了学校。上学就要写作业，我和他们写作业的方法是完全不同的。他们放了学，就回到家里，各家门前都有个光溜的稻场，搬个大板凳出来，再带个小板凳，就写上了。

我不行，回家第一件事是进牛栏，牵着牛上山去。我和牛经过他们家门口时，就能看到他们在那里舒舒服服地写作业呢。他们写作业的样子一直印在我的脑袋里，只要一想起来，就羡慕得流鼻涕。

我的作业基本都是在山上完成的。

放牛的地方叫黄家冲，就是一条大大的山沟，下游被堤坝堵住，就成了黄家水库。上游无水，满地青草。两边是山，牛高兴了，能从这边山岗上一直吃到那边山岗上去。

上得山来，我只要把牛绳子一丢，就可以写作业了，等牛走远了，再跟上去就是了。

齐老师刚当我们语文老师，就把我大批了一顿。那天，她当着全班同学的面让我站起来，手里扬着我的作业本，说："你看看，这是掉到粪坑里去了吧！"

全班哄笑，我把脑袋埋下去，不敢吭声。

她把作业本啪地往讲台上一扔，又快步走到我的面前，一把抓起我的语文书，摇晃着让大家看，说："你们看看，这是腌菜还是烂白菜？"

有人说是腌菜，有人说是烂白菜，争论不休，调笑不止。

我则不停地往一边闪躲，生怕她一书砸到我头上。

唉，说起来也不能怪老师批呀，我那书本确实与众不同。远的不说，就说我同桌艾春梅（艾国贵家的老三），作业本那叫一个干净，字写得那个漂亮（我的字被老师称为鸡扒的），人家的语文书用去年的年历包得整整齐齐。

可我也没办法呀。我牵着牛往山上一走，到处都是泥土，牛怕蚊子叮咬，见泥坑就冲进去，打几个滚儿，给自己来个全副武装。它一甩尾巴，就能给我一脸泥，更不用说手和身上了。总之，一个放牛娃想避开泥，就跟现在的城里人想躲开雾霾一样，不可能。

我的书本虽然脏，但我是打心眼里爱写作业。一上山，我就趴在地上，铺开书本。被太阳烘烤了一天的土地热烘烘的，紧贴着肚皮，像烤烧饼，可我一点也不在乎，注意力已经全部集中到作业本上去了。

我在专心写作业的时候，会有许多不速之客光顾。飞虫、蚊子，太讨厌了，落哪里我就在哪里一巴掌下去，打着了，手上一个僵尸一摊血印，打不着也吓它个半死。

只有一种“客”我是不会轻易伤害的，就是蚂蚁。除非它咬得我屁股生疼，我就会不分青红皂白给自己屁股狠狠来上一巴掌。等看到掌上是蚂蚁的尸体，心里也会充满愧疚。

因为网开一面，我写作业的时候，作业本上就时常会有蚂蚁横行。我一点也不烦它们，反而觉得是一种伙伴，多一份乐趣。蚂蚁爬到笔尖尖了，我就停止书写，提起笔来，让它过去。

我写数学作业的时候，蚂蚁爬过来充数，有时正好站在一个空白处，我就把它看作一个数字。我甚至想，蚂蚁是不是也会数学呢？应该都会的，世间万物都不会比人笨，只不过人会写会说。

其实蚂蚁也会交流，两只蚂蚁在作业本上相遇，就会举着触角相互示意，然后，心领神会，各自走开。鸟也会交流，叽叽喳喳就是在说话。牛也会，一头牛站在这边山岗上哞地一叫，那边山岗就有另一头牛哞地回应。茅草也会交流，没风的时候，它们静静地站着，相互看着，千言万语都在无声中；风一来，一根茅草伸过去，搭在另一根身上，另一根马上就会回应，跟着一起摆动，发出沙沙啦啦的响声，那就是它们在说话呀。还有，这山上最多的是马尾松，风起时，每一棵松树都会摇动身子，各自发出呜呜嗖嗖的声音，气势磅礴，应该是在商量一件天下大事吧……

写语文作业的时候，我常常和蚂蚁比赛。一只蚂蚁在作业本上横着爬，我就飞快地写，看谁先到作业本的边上。我有时输有时赢，但总是非常开心。开心之后再看自己写的字，就更像鸡扒的了。

齐老师见怎么批，我也改不了脏，只好不管了，最后甩下一句："我看你是棍子打断也改不了了。"

她当然没有用棍子打过我，我那时就能看出，她只是表面凶狠，其实是菩萨心肠。我在她班上一直是尖子生，能与我争高低的，只有余梅、陈一兵、伍孟宇，他们都是部队子弟。

事隔多年，我突然觉得齐老师对我的字评价非常准确呀，我属鸡，写出的字就是鸡扒的，多形象！不是鸡扒，难道还是猴扒的吗？

9 大 舅

大舅也放牛，不过，别人总爱说，不是他放牛，是牛放他。

他走路不稳，牛一动身，他就被牵扯得东倒西歪，然后，扑倒在地，不得不放开牛鼻绳子。有几次被我撞见，我跑过去揪住牛鼻子，狠狠地抽了它几枝条，警告它不准再欺负我大舅。

说欺负，一点都不过分。我们上山放牛，大多赤着脚，手脚灵活，当然可以躲开刺柯树桩。大舅不行，越是刺多的地方，他越是容易摔倒，爬起来，就已经是手脚带伤，血红一片。

我很正经地找外婆谈过，不要再让大舅放牛了。可外婆只是笑了笑，轻骂我两句，不再理论。之后，那头牛还是包在大舅身上。

看来，小孩儿说话没分量呀。我不服，找我妈去说。妈虽然是嫁出去的姑娘，但回了娘家，说话还是有分量的。可妈这回不站在我这边，她说：“你大舅又不能下地干农活，再不放牛，吃白食呀？”

大舅确实不能下地，要他锄草，他举着锄头，随时都会倒在地里，草没锄几棵，庄稼倒被他压折了一大片。

大舅其实早就是成年人了，可大人们都说他脑袋不好，说话还像个三岁的小孩子。我不同意，觉得他的脑袋其实很正常，我也是唯一跟他谈得来的人。每次到外婆家玩，我就会和大舅关着门谈我们的秘密话题。

记得有一次，我们谈到“鹊嘎子（喜鹊）喳喳叫，贵客要来到”这句当地俗话，我认为鹊嘎子是一种神鸟，能够预测将来的事情，而且专门预测好事，跟乌鸦正好相反。

大舅摇了摇头，很认真地说，没那么神秘，鹊嘎子能预告客人到，主要是因为它会飞。它在天上一飞，就能看到远路上的行人，而且，它能知道谁是谁家的客人，然后，它就飞到这个人家门口，喳喳地叫。

我听得眼睛都圆了，觉得他说得特别有道理。然后，我还问：“这么说，鹊嘎子比狗都聪明？”

他得意地一笑，说：“那是当然。”那样子，就像他是鹊嘎子，一直没人知道他的聪明劲似的。

大舅确实聪明，外公死后，他就再没有上学了，可以说文化程度相当低。可是，他会修理收音机，竟然把一台废弃的收音机修好了，吱啦吱啦，能收到好几个台呢。从此，那台变废为宝的收音机就成了他最亲密的伙伴，没事他就躲在屋子里收听。

我受益最多的就是定时跑到他那里去收听“小喇叭开始广

播了，嘀嘀嗒，嘀嘀嗒，嘀嘀嗒嘀嗒”。

作为交换条件，我也会帮他到服务社去买电池。服务社离家有三四里路，他不可能去，每次收音机吱啦乱响，听不清楚，他就说该换电池了。钱当然是他掏，至于他的钱是从哪里来的，我就不知道了。

就是因为这收音机，他惹事了。

有一天，天黑了，饭都摆上了桌，外婆没见大舅回家。外婆到牛栏里一看，牛已经系在里面了，于是大惊，到后山上扯着嗓子喊，没有回音。

后来，有人说太阳没落山的时候就看见大舅往前面走了。外婆着了慌，顺着大路往前面赶，赶出几里路，终于把大舅给追上了。一问才知道，大舅在收音机里听到县城有招工信息，做手工劳动，他要去试下，要自食其力。

外婆气得当场就摔了收音机，踩得稀烂，拖着大舅回家了。

这是大舅一生中最大的一次壮举。县城离家至少有八里路，大舅摇摆着过去，只要不放弃，到天亮大概就能到吧。可惜，这段路他没有走完，也就没有答案了。

这事闹得满村风雨，家里人都瞪着大舅，说他不懂事，平白添乱，让外婆不省心。我问我妈，为什么不让大舅去？妈叹了口气，说：“唉，那种好事多少健全的人都抢破脑袋，人家怎么可能要大舅呢？”

我一直认为大舅的脑袋没有问题，是他身体的残疾让他失去了自信，时间一长，他就无法正常与成年人交流了。外婆是这个世界上唯一疼爱他的人，但外婆的年纪越来越大，再无力护卫他了。

大舅最后被送进了福利院。

我参加工作之后，有一次回家过年，妈把大舅从福利院接到我们家吃了一顿饭。大舅坐上了轮椅，老了，胖了，需要人推着。我和大舅相对，竟已经没有话说。他望着我，只是笑，笑得让我心酸。

听妈说，大舅在福利院过得还不错，和刘大华成了最要好的朋友。

刘大华最早是姐姐的同学，留了好几级，后来跟我同学。他个头大，手脚健全，就是整天咧着嘴，不停地流涎水，考试常常得鸭蛋，偶尔还追着女生跑。没想到他也进了福利院，没想到他还跟大舅成了好朋友。太好了，有他的手脚，大舅应该不用愁了。

好景不长，过了些年，听妈说，刘大华死了，好像是心脏病。

又过去好多年了，大舅还活着，在福利院。我再没有见过他，也许是没时间，也许是害怕再见到他。

10 小　舅

我妈有三个弟弟，两个妹妹。第二个弟弟，我叫他小舅，第三个弟弟，我叫他幺舅。

小舅聪敏好学，高考落榜，被县农基站抽调过去。这可是件大喜事呀，大家都以为他从此要跳出农门了。可是，天有不测风云，队长眼热了，不答应，最后硬是把他拖回了原地。

这对小舅是个沉重的打击。不过，他没有消沉，在短暂的伤心之后，又恢复了乐呵呵的状态。他不止一次握紧拳头偷偷对我说：“你等着吧，我会活出个样子给他们看的！”

我到外婆家去玩，小舅就爱带着我下地，也不让我干活儿，就要我坐在田埂上。他在地里给油菜浇粪，拿个长柄粪瓢，从粪桶里挖一瓢，浇上个三五株，就像给小孩儿分糖果，不多不少不偏心。他嘴里从不闲着，反复哼唱着“我衷心地谢谢你，一番关怀和情意，如果没有你给我爱的滋润，我的生命将会失去意义，我们在春风里陶醉飘逸，仲夏夜里绵绵细语，聆听那秋虫它轻轻在呢喃，冰雪花飘满地，我的平凡岁月里有了一个你，显得充满活力”，非常沉醉，好像从没觉得干活儿是一件累人的事。

好多年后，我才搞清楚，他哼的是《北国之春》的旋律，歌词是邓丽君翻唱的。在那个年代，邓丽君是被禁止的。我不禁佩服小舅是多么新潮。

小舅确实新潮，记得那时他常爱系一条围巾，不是先生似的长巾，而是一条红短巾，刚刚把脖子围住。在我们村（我们那以前叫当阳县望城七队，后来改为望城村七组）里，他绝对算得上是集青春亮丽和知识修养于一身的帅哥。喜欢他的女孩儿自然不少，他恋爱了。

对象也是我们村的，也姓黄，住得有点远，不过，我见过她一次。小舅很在意我这双小眼睛的看法，背地里问我："怎么样？"

没得说，那叫一个漂亮，可以说是村花呀。我太为小舅高兴了，巴望着他早点把这位舅妈娶进门。

可是，全家人都反对。一向被我看作知书达礼正义化身的妈，这回也站在反对的阵营里，态度强硬，不容动摇。

我还是想帮小舅说句话，就问我妈为什么反对。妈给出了两条理由：一是黄某不稳当——就是她人长得漂亮，追她的男青年不少，她以前也处过几个对象。二是她跟我们是同宗，论起来，她跟小舅还是堂兄妹，近亲不能结婚。好嘛，我怎么从来没听说过有这门亲戚？偏偏这时就成了同宗。直到很多年后，我才明白，真正的原因是，黄某家人逼死了我外公。这事当时只有外婆和我妈清楚。

这一通闹呀，黄某和小舅死去活来。黄某最后一次到小舅家来，拉着小舅到稻草堆里，直到半夜才出来。我真心祝愿他们把生米煮成了熟饭，那时，谁也无法阻挡了。

可事实不是我想的那样，没几天，黄某就跟一个当兵的跑了（我们当地有驻军），远嫁异乡，从此没有音信。

小舅大病一场，这次打击比农基站回来那次狠十倍不止。不过，好歹他还是挺过来了。

妈的两个妹妹，我叫大丫丫（大姨）和小丫丫（小姨）都嫁到了建设村。她们从建设村给小舅物色了一个大辫子姑娘。这姑娘身强体健个头高，脸面一看就是一个踏实人，更重要的是，她不嫌小舅家穷，一见小舅就铁了心。

正是农忙季节，大辫子姑娘卷起裤腿就下了田，帮小舅插秧，惊得我妈直竖大拇指，说这姑娘实在，认为这事必成。可是，一季秧插完，小舅死活不同意，姑娘家只得哭哭啼啼没再露面。

事后，家里人把小舅好一阵骂，好像他就是一个屎壳郎，谁都能冲他吐一口吐沫。

又过了一些日子，不知是谁做媒，把我们村一个李姓的姑娘介绍过来。我看她跟前面那个大辫子姑娘也差不多呀，估计小舅不会同意。谁知这回小舅没有反对，相处了一段日子，两家人就公开了，进入谈婚论嫁的实质阶段。

一天晚上，小舅把我拉到一个无人的角落，很慎重地问我：“你觉得这个舅妈怎么样？”

我很坦诚地说：“没有第一个漂亮。”

小舅一伸手就捂住了我的嘴，生怕有人听见。我知道小舅这回是选择准了这人。

小舅结婚了，生活得很美满，小舅妈通情达理，疼爱小舅，为他生了两个孩子，老大是女儿，老二是儿子。

小舅不甘心守着田地过日子，早早就到县城里当起了菜贩子，骑着个载重自行车，驮着两个大篓子，每天早出晚归。

我在上大学期间，放假回家，到县城去逛，在南正街上碰到过小舅。他推着带篓子的自行车，大太阳底下还穿着长筒雨鞋，和几个同行在一起聊天。

我过去跟他打招呼，他很高兴，把我介绍给同行，言语中显然是以我为荣。其中一个同行就嘲笑小舅，说他读书没用，就只能当个菜贩子。说着话，那家伙还伸手扒了一下小舅的脑袋。这个动作让我非常恼火，我冲上去就要跟那家伙打架。小舅用力拉住了我，还不停地劝我，说是开玩笑的，别当真。

那时，我虽然少不更事，但一眼就能看出来，小舅身单力薄，在人群中是常受欺负的，平时还不知被那些家伙怎么踩过呢？他该放开手，让我冲上去。可他不会，我太了解他了，他表面阳光灿烂，内心却一直是委曲求全。他其实是一个只适合从文的人，我妈都说，他像极了我的外公。可是，在荒蛮的乡村，哪有什么文武之分，手脚并用，连滚带爬，能活下去，已经是谢天谢地了。

2002年，我正为生计所迫，忙得焦头烂额，突然就接到了妈的电话，说小舅死了。

小舅满算才四十岁呢，怎么会死？我不信。

妈强压着哭声，说是真的，是胃癌晚期。妈为了让我确信，还补充说，死的时候，抱在怀里，轻得像一团棉花。

我信了，泪水就滑落下来。我又想起了小舅偷偷对我说过的那句话——你等着吧，我会活出个样子给他们看的！

我相信小舅所说的“样子”，绝对不只是一个菜贩子的模样，他一定还在向一个心中的样子拼命去争。

可是，时间没有了。我相信小舅死不瞑目——他心中该藏着多少锦绣呀，有多少心愿还没有来得及实现呀……那一刻，我真实地感受到，生命未必都有一个圆满的结局，有些生命是被齐头斩断。

小舅走后，媒人登门，想让小舅妈改嫁。小舅妈态度坚决，不再改嫁。她说，小舅给她留下了两个孩子，足够了。

一般情况是，小舅不在了，小舅妈就会渐渐疏远。可是这么多年过去了，听妈说，小舅妈一直走得很亲，跟以前一样。

我终于明白小舅当年为什么要捂住我的嘴了，那一刻，他其实已经明白找到了一个爱自己的人。如果说当年我还不懂事，那么，现在我可以高兴地告诉小舅：你都走了这么些年了，小舅妈都没有忘记你呢，你一直还活在她心中。就冲这一点，你就选对了。

11 砍核桃树

我们村有一点特殊，四周都是驻军。站在我家门口，往东看，田畈中间是一块平地，那里修建了一个军用机场，上面停着军用运输机和战斗机，时常会有起飞降落的，动静特别大。南边山上驻着汽车一连、油料股，一辆辆绿色军用卡车进进出出，上面装满了穿着绿军装的士兵，很是威武。西边山上是汽车二连、修理所，出了毛病的汽车都会弄到修理所来，所以，修理所满地摆着破铜烂铁。北边的高岗上主要驻着飞行团，还有军用服务社、招待所等。

汽车二连紧挨着黄冲水库，有自己的菜地、篮球场、猪场，猪场后面是一个养鱼池，鱼池的东边有四棵核桃树，遮天蔽日。我们每次打猪草经过，都喜欢在树下歇脚。

歇着也不老实，我们会在树下玩各种游戏，有的抓石子，有的爬树，有的无聊就拿着镰刀砍核桃树玩。树干很粗，当然砍不断，只能留下一道道伤口，流出一些汁水，下次来就结出了疤。

就为这个，当兵的对我们有意见了，再见到我们在核桃树下停留，就跑过来追我们，搞得我们像破坏军队的特务。之后很长时间，我们都不敢再靠近核桃树了。

但汽车二连还是要去的，因为他们菜地种得好，趁他们不注意，我们可以顺手偷一些。

正是西红柿成熟的季节，当兵的都在午睡，我们提着篓子在菜地边打猪草，顺手摘了几个红透的西红柿埋在篓子里，然后，悄悄地离开。

没走出多远，忽然听到一阵脚步声，一队当兵的飞跑过来，把我们团团围住。一个当兵的一脸喜气地叫了起来："你们可来了，我们已经等你们好几天了。"

好嘛，人家早就布置了陷阱，我们直接就跳进去了。认倒霉吧！我当时吓得脸色发白，准备直接投降，还没等我举起手来，另一个当兵的就直接抢过我的篓子，说："别怕，我们连长要请你们喝啤酒呢！"

然后，就押着我们向食堂走去。

啤酒是什么？我们都没听说过，一路小声讨论着，就进了食堂。

连长不在，几个炊事员正在打扫卫生，见我们过来，也都喜气洋洋，好像是打了胜仗抓了俘虏。他们洗了洗手，拿出大碗，摆在我们面前，然后，提出一个大钢瓶子，从里面倒出一些黄淡淡的水，每人一碗。

我们都望着，心想：抓着俘虏就让喝这个呀?

一个当兵的见我们都不动，就说："喝呀，这就是啤酒。"

啤酒，一定是好东西。我们都喝了一口，又连忙把头抬起来，伸着舌头望着当兵的。

"味道怎么样? "当兵的巴巴地望着我们，等待着夸赞。

我先摇了摇头，说："真难喝，像猪潲水。"我恨恨地把碗蹾到桌上，心想：就算我偷了你的西红柿，也不能用这种方法惩罚我呀!

几个小伙伴都放下了碗，没一个喝完那啤酒。

当兵的你看看我，我看看你，笑了起来。其中一个端了一满碗，一仰脖，咕嘟咕嘟，一口气就喝了个底朝天，末了，他说："这是好东西呀，你们还不习惯。"

我吃惊地望着他，暗想，这家伙有可能是属猪的，要不，他怎么这爱喝猪潲水呢!

大兵抹了一下嘴，说："今天请你们来，是有正经事。"然后，他不说了，直接带着我们来到核桃树下，把树干上的刀疤指给我们看。

我暗想：坏了，都过去这么长时间了，他还记仇呢。那疤子是我们砍的没错，可是，都什么时候的事了，还想让我们当面认错吗?

我正胡思乱想，当兵的说："你们帮忙把那几棵树也砍成这样。"

我当时就认为这家伙喝醉了，肯定说胡话，要不就是说反话。谁敢动呀？

他见我们都不动，就抢过我的镰刀，在树干试砍了几下，说：“就像这样砍。”然后，把镰刀递给我。

我们还是不敢，都望着他。他急得一跺脚，说：“实话告诉你们吧，就是那棵被你们砍过的核桃树，结的核桃又多又好。连长说了，怕我们的手不知轻重，一定要请你们来砍。”

早说呀，吓得我篓子里的西红柿都破了汁了。这还不容易吗？我们拿着镰刀，轻轻松松就把核桃树砍了个遍体鳞伤。

从那以后，我们又可以在核桃树下歇脚了，爱怎么玩就怎么玩。可是，直到现在，我也不知道，核桃树为什么要砍几刀，才肯多结果子。

12 一碗炒现饭

饥饿，是童年最主要的记忆，虽然没有到饿死人的程度，但缺吃少穿是家常便饭。我之所以不想把这作为主线，是因为我觉得我的饥饿跟莫言比起来，还差一截。至于吃白泥巴啃树皮，我也只是听爹妈讲起过。

我的童年，饭是有的吃的，但不管饱。

记得有一天，爹妈收工很晚，一家五口，炒了一锅现饭，每人一碗，锅里就只剩下一坨了。我忽忽几口就扒完了，觉得牙齿缝都没塞满，于是，起身把锅里的那坨饭添到了自己碗里。

天塌下来了。啪的一声，妈把筷子往桌子上一拍，拿眼睛横着我。不仅她横着我，全家人都瞪着我。这一刻，我才意识到自己犯了错，但已经没有退路了，在看到妈的眼光之前，我已经吃了几口，碗里所剩不多了。

妈狠狠地盯着我，屋子里空气相当紧张，好半天，才有声音传来：“你真是个吃独食的家伙！一家人，就你最饿？我看你是一条喂不饱的狗……”

在我们村，我妈是个读书人，她用最文明的话，恶狠狠地数落着我。我站在那里，僵持着，眼泪落到碗里。我真的没有多想，只是因为饿，我就添了那砣饭。我要知道我粘上了吃独食和一条喂不饱的狗，真愿意把吃进去的吐出来。可事实是，我没吐出来，而是和着眼泪把最后一口饭吃进了肚子。

印象中，肚子总是饿饿的，放了学，走在路上，总是头痛，四肢无力。直到现在也有这毛病，最怕饿，一饿就浑身发抖，四肢发麻。

大人盼种田，小孩儿盼过年。只有在过年的时候，才能名正言顺地吃，腊肉、香肠、年糕……摆满一桌。妈说，吃吧，这就是给你们吃的。于是，我张开嘴巴狂吃。

嘴巴快活了，肚子出问题了。每年过年，我都会因暴食不停地打馊嗝，痛苦极了。

姐姐常常取笑我，说我好吃不胖，长得像螳螂。

我觉得自己真的很像一只螳螂，总想把肚子捞饱，可是，捞到的往往是一把狠话和一把嘲笑。

13 一杯炒米子

快过年了，家家户户都会炒年货，炒花生、炒苕片、炒米子……

糯米用蒸笼蒸熟，晒干，然后，在锅里一炒，就胀了起来。一部分和熬熟的苕糖搅拌，做成糖果子，剩下的就装进坛子里，封严口子，一直可以吃到年后。

年后一天下午，我装了一杯炒米子，坐在自家的门槛上，小口吃着，就像端着一杯酒，舍不得一饮而尽。这时，黄开国不知从哪里钻了出来，站在我面前，眼睛盯着我的杯子，嘴里却问我什么时候放牛去。

我知道他的心思不在牛身上，就让出一个空。他很快坐到我身边，还是商量放牛的时间，眼睛一刻也不离开我的杯子。我只好夹起一颗，喂给他吃。

他一吸气就吞进去，然后，再把嘴巴凑近，等着我喂。我不肯了，用手捂住杯口。

他猛地站了起来，从口袋里摸出两分钱，递给我。

那是我生平第一次做生意，胸口乱跳。两分钱，可不是个小数目呀，一杯炒米子就能换来？我狂压住心头的惊喜，说："不准反悔。"

他二话不说，伸出小指，就和我拉钩上吊，一百年不许要。

我踏实了，接过钱，把一杯炒米子给了他。他就当着我的面，忽忽地一仰脖子，像喝凉水一样，倒了个精光。

我怀揣着两分钱，觉得自己干了一件惊天动地的事儿，但一丝风也不能漏。我得藏着，自己用——怎么用呢？还真是一个难题。

整个下午我都被这难题折磨着，没琢磨个眉目，天就黑了。我们一家正在吃晚饭，黄开国的妈进来了，找我妈要钱。

我妈把扒到一半的饭碗放下，问清事由，就拿眼睛瞪着我。我只得乖乖地把两分钱掏出来，交出去。

黄开国的妈拿着钱走了，我心不甘：都拉过钩了呀，还有我那一杯炒米子呢，就算我吃过几口，少说还有大半杯吧……

我这边心难平，妈那边埋怨不断，谁也没料到激怒了一个人——我爹。

我爹啪地一蹾碗，忽地站起来，一把抓住我，就提溜到堂屋中央，一甩手，让我跪下。他没有直接下手，转了一圈，从门旮旯里找到一把十字镐，高高举了起来。

我的天哪，那可是劈树蔸子的专用工具呀！我妈当时惨叫一声，差点坐到地上，幸好姐姐和妹妹从身后扶住了。

我一闭眼，双手抱头，趴在地上，就把自己当一回树蔸子吧，看这一镐下来是什么结果……

镐头下来了，触到了屁股，没觉得疼，但就光那阵势，我已经吓得瘫在地上，像一团烂泥了。

记忆中，爹从来没有打过我，这是唯一一次。妈夜里关着门，抹着泪责怪爹，说要么就不动手，动手就这么狠。爹说：“我能真下手吗？不就是吓唬一下！”

我躺在隔壁，听得真切，打心眼儿里佩服我爹。我想，他一定是暗藏的武林高手，那么重一把十字镐，在他手里能收放自如，一镐头下来，我的屁股竟然毫无损伤。我劈过树蔸子，常常把自己搞得东倒西歪，一镐头下去，劈不到树，也要把旁边的石头砸出个伤。

多年之后，我一直清楚地记得这件事，但我一直没想清楚，我到底错在哪里——我不该给黄开国炒米子？不该要他的钱？似乎都不是。也许就是稀里糊涂吧，这样子，我就长大了。

14 窑　厂

有一段时间，爹在大队砖瓦厂烧窑，姐姐已经上学了，我和妹妹在家没人看管，就跟着爹往窑厂跑，早出晚归。

下雨天，妹妹走不得泥巴路，爹就挑一担箩筐，一头装着家伙式，一头装着妹妹，上面罩个斗笠，严严实实，滴雨不透。

我光着脚戴个斗笠跟在后面跑，有时会滑一跤，有时斗笠会滚到雨地里……妹妹一听到异常动静，就会把斗笠掀开一条缝好奇地往外看，那时的她，像极了一只出壳的小鸡。这小鸡太不老实，常把斗笠掀掉。我就得跑过去帮着捡起来。

风里来雨里去，爹从来没有过闪失，就算偶尔会滑一下，但他决不会摔跤，最多一个趔趄，然后稳稳地站住。

那时候，我踩着泥跟在后面跑，对爹就是这种印象——他是整个天，有他在，世界都安稳。他若指东，东边一定是朝阳；他若指西，西边一定是晚霞。

到了窑厂，那里就是我们的游乐场。

就在窑厂边上，住着一户人家，有三个孩子，田军是姐姐，大弟叫田华，小弟叫田勇。我们一下就混熟了，成天在一起疯玩。一行行一垛垛的砖坯，是捉迷藏的好地方。我们穿行在里面，大呼小叫，玩得忘形。大人有时也会参与进来，故意逗我们玩。

爹从来不，他总是忙着往一个木头盒子里面砸满泥巴，然后，用一张弓上的钢丝弦划掉表面的泥，拆开大头盒子，一个漂漂亮亮的砖坯就出来了。

我躲在不远处的砖垛里，常常看得入迷，忘了自己是被捉的对象。

印象中，爹无论是在窑厂烧窑，还是在田里种庄稼，都是扎实肯干、精壮有力的，我却很少遗传他这方面的基因，倒更多地承接了妈的衣钵。

田家姐弟都很友善，尽管我们每天玩得满天飞，但从没有闹过别扭红过脸。在窑厂跑累了，我们就会到他们家里去玩一些安静的游戏，比如过家家、抓石子之类的。他们的爹妈也很好，常常把家里好吃的分给我们一些。

跟他们姐弟在一起玩，真的是无比快乐，每天都盼着见面。我想他们也是一样的心情。

有时候，因为烧窑到了关键时刻，爹就不回家了，守着窑洞，盯着火，等着出窑。那时，我和妹妹就在大棚里搭个地铺过夜。第二天一早，我和妹妹还在被子里窝着，他们姐弟就过来了，喊我们起床。于是，我们麻利地爬起来，马上就组成一支疯玩的队伍，满世界乱跑开了。

我以为这种美好的日子能够一直持续，可是，没过多久，我们就都上学了。我和田军在一个年级不同的班，再碰面就变得陌生了，互相之间不说话，甚至连招呼都不打。学校大，学生多，渐渐地，我们就各自被淹没在人群中了。

如果不是后来发生了意外，我差不多都快忘记她了。那是上了初中以后，突然有一天，学校里疯传，说田军被一个中年人强奸了。我特别紧张，盘算着该不该去找她，找她又说些什么呢？我被各种头绪缠绕着，上课都心神不定，总是望着窗外，希望能看到田军的身影。后来才知道，她已经不来上学了。

又过了一些时，隐隐约约听说，田军嫁人了。按当地的说法，她已经败坏了家风，名声扫地，不能在家久留，也不会有像样的人家要她，只能胡乱找个人，一嫁了事。

我的心像刀割一样疼，我眼前不停地浮现她的面孔，圆圆的脸，白里透红，鼻孔总是急促地喘着气，就像刚跑完步。她时常从砖垛后面钻出来，喊着："我来捉你了！"一笑两个酒窝，那么无忧无虑，那么甜。

我时常想，我要是个魔法师该多好呀！那样，我就能让时间停止，让田军一直在砖垛后面喊："我来捉你了！"

15 过家家

我又想起了另一个女孩儿，名叫张祖红。她不是本地人，父亲是油料股的修理人员，就算是部队里的人了。

我们那所学校叫望城中小学，是军民共建的，一个班上既有部队的孩子，也有农村的孩子。部队的孩子一个个长得水水灵灵、穿得干干净净的，就像刚涮洗过的白萝卜；农村孩子大多衣衫不整、乌眉糙眼。

就说我吧，上山放牛多是赤着脚，上学的时候才勉强套上一双鞋子，多半是捡姐姐的旧鞋，她不能穿了，正好我穿。冬天的时候，路边的枯草上一层霜，我不能赤脚放牛了，就会光脚穿着姐姐女式的布鞋，上面露着脚背，前面破个窟窿，露出马脚，冻得疼，脚趾使劲儿往里勾着，也不管事。

最头疼的是那双手，指甲缝里永远是黑魆魆的，手指头染上各种植物的浆汁，洗都洗不掉，两只手一伸出去，就像乌龟爪子。一到学校，看见部队孩子那一双双干净白嫩的手，就不敢把自己的手伸出来吓人了。

简单地说，部队孩子和农村孩子不是同类物种。

我和张祖红上小学时在一个班，她回家的路正好从我屋后过，一来二去，我们就混熟了。她人长得漂亮，性格也开朗，主动提出要到我家去玩。我当然求之不得，开门欢迎，就像破窑里迎来了七仙女。

来到家里，也没什么可玩的，我们玩得最多的是过家家。

我们用几把靠背椅放倒了围成一圈，就是家。再用手绢扎个小人，就是孩子。我当爹，她当妈，瓦片当碗，泥土当饭，捡几个圆石头当馒头，瘪石头当粑粑……她忙着烧火做饭，一会儿打发我去找点柴火，一会儿打发我去掐根大蒜，还不时让我去哄哄孩子……一切都是按大人的样子来，支得我满头大汗团团转。

一开始，我总是偷笑，觉得不自在。渐渐地，她的专注影响了我，我也起劲儿地为这个家忙活，那架势好像我真的娶了个媳妇，人长得漂亮，又会持家，嘿，这小日子过得有模有样。那一刻，我好像已经实现了一生的梦想。

忙活一阵儿，吃完喝完，大门一关，假装天黑，她就拉着我跟她一起睡。我有点不敢。她就说，不睡在一起怎么能叫一家人呢？这话在理，我就挨着她，靠着椅子，躺下。

后来我们吵架了，为给孩子端尿。我说，得到外面去尿，因为茅厕在外面。她说不对，屋里也有厕所，就在椅子旁边尿。我说在屋里尿太脏了。她说不是在屋里尿，是在厕所尿……

那次争吵的结果是什么，我已经记不起来了。只记得再后来，我们慢慢就不来往了，不是因为吵架，而是因为我们长大了。

她放学还是要从我屋后过，但再也没有来我家玩过了。我们在故意躲避，哪怕放学的时候撞上，总有一个人假装蹲下系鞋带，错开了一前一后走。有时在学校撞个正着，相互看一眼，都会脸红。

上初中之后，我们就不在一个班上了，相互虽然没有了见面之忧，但我还是有意无意地探听着，知道她的学习是越来越不如意了。

初中毕业，我考上了当阳一中，从此就几乎没有再见过她了。

然后是上大学，然后是到武汉工作，扎根。多年以后，我回老家，偶尔听妹妹说起了她，说她的老公总是打她，打得鼻青脸肿的。

我没有接妹妹的话，甚至假装没听见。但是，一根钉子已经深深地扎进我的心里，疼痛传遍全身，又无从梳理。

因为这痛无法释怀，一个偶尔的灵感触动，我写了一本书《命运的魔术师》。写作是另一种疗伤，我感谢写作，我一生的写作都将是为我的童年疗伤。

16 大稻场

在田地分到各家之前，粮食都归队里。那时，队里只有一个打谷场，我们叫大稻场。收割的稻谷捆扎起来，挑到大稻场上，铺开，用牛拉着石磙碾轧，有时也用拖拉机轧，把谷子都打下来，草再捆扎起来，在稻场边堆成山一样的垛。

谷子在大稻场上晒上几个日头，晒干了就收进稻场边上的仓库，找个合适的时候，开着拖拉机来，一麻袋一麻袋地装上，喜气洋洋地拖到县里去交公粮。

他们交了多少公粮，我一点也不关心。我只关心大稻场上什么时候晒花生。

花生收上来，也会铺满大稻场，那时，看稻场的周爹爹一刻不离地在大稻场上走动，主要就是防我们这些孩子。

我们也有办法对付他。中午上学太阳正烈，周爹爹躲在仓库屋檐下的阴影里不敢出来，我们就从大稻场的远边边上走过——走路他管不着吧。然后，我们再把鞋都脱了，提在手里——他也管不着吧。我们会不动声色地用脚趾夹住一颗花生，扁着脚往前走，样子很古怪。等走出大稻场，我们才敢弯腰捡脚下的那颗花生，笑得前仰后合，比偷了王母娘娘的蟠桃还美。

周爹爹样子很凶，但从不真正驱赶我们，只要我们不用手去成把地抓花生，他是不会起身过来盯我们的。

在大稻场的另一边，有一排屋，是机械打米用的，最边上一间小屋已经废弃，门框都没了。

那年冬天下了很大的雪，我们放学从小屋前面过，里面突然冲出一个蓬头垢面的女人，冲我们大喊大叫，吓得我们没魂似的逃。没有人知道她是从哪里来的，大人们说她是个邪子（疯子）。我们把她看作个魔鬼，打赌说，谁敢靠近她，谁就是英雄。真有胆大的往里面扔雪球，甚至还有人敢跳进去，然后，转身就往外逃。等她追出来，我们已经逃远了，心还在乱跳，大笑不止。

期末考试之后，雪已经化得差不多了。我们再经过小屋，发现没有动静了。几个胆大的就摸过去，向里面张望，然后神秘地招手。我们都凑过去看——她还在，只是不像前几天那么精神了。屋角堆满了稻草，她就藏在稻草堆里，只露出一个头，一动不动。

有人带头从外面捏来一个雪球，朝稻草堆扔过去。大家都跟着捏雪球，砸草堆。可是，她并没有一点动静，倒是我们吓得不轻，转头飞跑，生怕她冲起来抓我们。

那是我最后一次见到她。春节之后，再去上学，屋子里就空了。有一天晚上吃饭，我问妈，那个邪子（疯子）到哪里去了。妈说，早就死了，拖走了。

我放下吃到一半的碗筷，趴在桌上大哭起来。一家人都望着我，莫名其妙。

分田到户之后，大稻场改成了水田，分给了各家各户。后来，那里长出的水稻麦子，我都没有印象了，记得清楚的还是原来的大稻场。

17 瓢　姑

有一阵子，我们那块盛传着“瓢姑”。

谁家遇到难事了，就会请来一位老爷爷。那老爷爷是外乡人，下巴有一揪白胡子，穿一件灰布长衫，像上个时代的人。谁也不认识，但都知道他手里有一个葫芦瓢，特别灵验。听说他能请来瓢姑，解开一切难事。

瓢姑是哪路神仙，以前没听说过。但老爷爷帮着许多人家解决过难事，就不容我们不信了。

他请瓢姑之前，一定要让主人家准备一桌酒菜，他美美地吃一顿，再作法。说是不能亏待了瓢姑。我一直没有搞明白，老爷爷跟瓢姑是什么关系，为什么他吃饱喝足了，瓢姑就不吃亏了？

不光是吃呀，他作完了法式，还要钱呢。所以，一般人家是不敢请的。

他作法有两种方式，一是在葫芦瓢里装满细沙，中间插一根筷子。他捧着葫芦瓢，嘴里念念有词，不一会儿，筷子就凭空动起来，写出字或者画出个图案来。那正好就是主人家要的答案。这种方式我只听说，没见过。

另一种是我亲眼所见。黄婆婆家的牛不见了，全家出动，找了几天没有音信，只得请瓢姑。当时，老爷爷就在堂屋中央作法，我从人缝里挤了进去，看见他手里端着葫芦瓢，里面装满清水，水中有一根筷子是直立着的。他正在闭目念诵，主人家拼命隔开看热闹的邻居，生怕惊扰了瓢姑。突然间，那根筷子向旁边一歪，众人口里都惊得轻叫了一声。但筷子并没有倒，而是斜插在水中，无依无靠，真是神奇。老爷爷睁开眼睛，轻轻笑了笑，告诉主人家，按照筷子指引的方向去找。后来那牛真的就找到了。

老爷爷在我们那儿游荡了大半年，四周充满了神秘的气息。那一阵子，我躺在床上不敢闭眼，怕哪路神仙会飘进我的房里来。睁开眼睛望着天花板，更害怕，因为天花板上的泥水印子，越看越像神仙，吓得我一会儿用被子捂头，一会儿又猛地掀开，免得神仙闯进来了还不知道。

有一天晚上，我们姐弟三人从外婆家回来，姐姐开了门，跨进堂屋。堂屋顶上有一块亮瓦，玻璃做的，月光透了进来，姐姐的影子正好投射在亮处。我一跟进屋子，就看到了黑影，吓得大叫一声："哪个？"

好家伙，一嗓子把跟在后面的妹妹吓倒了，姐姐也僵在原地。

片刻之后，我才指着黑影说搞错了。姐姐转身给了我一拳头，骂我神经有毛病。还真让姐姐说着了，我真的留下了后遗症，直到现在，我一个人在家睡觉，上了床都会心虚，总担心哪路神仙会闯进来。

老爷爷后来被人赶走了，说他是个骗子，作的那些法式都是骗术。我又搞不明白了，那么些人家都请过他，也解开了难事儿，为什么又说他是骗子呢?

18 看电视

因为四周有驻军，农村孩子也跟着搭了不少香边儿，早早就有电视看了。

修理所离我们最近，食堂里有一个高脚木柜子，白天上着锁，晚上就打开了，里面关着一台电视机，黑白的，不大，但能把人的眼珠子吸出来——里面的画面太好看了。

当兵的每天早早就吃过晚饭了，天一黑，就把柜子挪到窗口，让电视机对着外面一片大场地。他们搬着凳子占据最有利的位置，我们这些农村孩子就站在边远地区伸着脖子看。当年看的很多东西都忘得一干二净了，只记得一部美国电视剧《大西洋底来的人》，还有一部日本剧《铁臂阿童木》。

农村家吃饭比较晚，很多孩子都是端着碗跑到修理所，站在当兵的外围，一边扒着饭一边看电视。爹妈不让我们端着碗往外跑，所以，我吃饭特别快，一大碗饭，一眨眼就吞下去了，碗一丢，转头就跑。

有一次，放牛回家，天早黑了，经过修理所，电视已经开始了。我没多想，就把牛系到旁边一棵树上，然后，凑过去看电视。后来，妈找来了，满头大汗，先看到了牛，再找到我，说一家人都等着我吃晚饭呢。

我当时答非所问，说我不饿。

妈当着那么多当兵的面也不好发作，转身就去牵着牛走了。

我看完电视回家，家人都睡了，静悄悄的。我就摸黑进屋上床，可是，怎么也睡不着，饿得难受。于是，我爬起来，偷偷摸进厨房，打开碗柜，里面只有一大碗蒸透了切成片的腊肉，纯肥，在月光下泛出一片白。我毫不犹豫地手抓冷肥肉，一口气吃了个碗底朝天，踏实了，睡觉。

第二天一早，妈就怒气冲天地指着我的鼻子，说我肯定要拉肚子，肠子拉出窟窿。

我吓得不轻，静静地等着。一整天过去了，一个屁都没放。我真觉得对不起妈，我多少应该拉一点，那样，妈的火气也会消一点吧。

说到拉，不得不说我的牛。它在山上吃到天黑，也不想着拉泡屎，等我牵着它一走到修理所的石子场地上，它就不肯走了，撅着尾巴呼哧呼哧，拉出一大堆牛粪。我一边用力扯着牛鼻绳，一边骂着不知羞耻的话，一点用也没有，它就爱这么干。我都为它害臊，当兵的都站在一边大呼小叫呢，让我赶紧走，赶紧……又不是我拉，我走了有什么用呢？我也急，恨不得帮它憋着。为这事，我没少跟我的牛生气。后来，听人说，牛也不是故意的，它一踩到石子上，就想拉，跟小孩子听到口哨是一样的，条件反射。

为了不让牛产生条件反射，我就尽量绕道走修理所院墙外面，那样，就不能在第一时间看到电视了，损失不小。

后来，我们家也有了一台黑白电视机，最大的电视迷不是我，是我妹。她放学一进家门，第一件事就是把电视打开，站在那里脚下生根。让她择菜，她就把菜拿到电视前择。让她喂猪，她以最快的速度把猪打发了，一眨眼又定在电视前。她就像受到万有引力吸引，甩都甩不脱，就差趴到电视上了。

排第二的也不是我，是我爹。爹爱看电视，不择节目，晚上往那里一坐，盯着电视，不到屏幕上说晚安，不肯离开。那时，我们看过《虾球传》《敌营十八年》等，爹成天都哼着里面的歌，不在调上，词也错得离谱，他不在乎，自己美着呢。过几天问起来剧中的人物什么的，爹基本上都不记得了。很多时候，我半夜起来，看见电视上闪着雪花点，爹坐在椅子上睡着了。

直到现在，爹已经七十多岁了，电视瘾还有。每天中午都要看《男生女生向前冲》，已经跟踪五六年了，不看完不肯睡午觉。我劝他少看电视，多走路，据妈说爹在减量，每天只看一个小时电视了。

我年轻的时候，有一阵子爱看电视，每天晚上歪在沙发上，手里捏着遥控器，用各种节目打发时间。有时候为了争一个节目，还和老婆吵，恨不得家里人手一台电视。现在年纪大了，爱运动了，晚上基本都在跑步、打球，电视机已经成了摆设。偶尔坐到电视机前，也是围着体育频道搜。

我突然有一个发现：人类许多科技发明，都是为了给人打发时间的。其实离了这些，我们也能过，也许过得更好呢。呵呵！

19 看电影

天一黑，端着碗，牵着牛都能到修理所看电视，看电影可没这么容易了。

电影只在八团操场上放映。那里离我们家有一段路，先要过一道港（小河沟），穿过一片水田，再过一道港，爬一个大坡，才能到。

有些消息灵通的，能从当兵的嘴里提前知道晚上有电影。消息一传开，放牛的就早早地牵着牛回家，也不管牛吃饱没有，匆匆忙忙扒几口饭，就往电影场子跑。

更多的时候，我们是听到当兵的喊着整齐的口号：一二一,一二一，看到当兵的排着整齐的队列，提着小板凳往电影场进发了，才慌了手脚。有的还在山上放牛，就拼命扯着牛往家走；有的在水田里，涮两下泥巴腿，爬上田埂就跑；有的饭才做到一半，连忙熄火，将就着吃了……

村民们从四面八方赶到电影场，场子上一下就开锅了。场子是水泥抹平的，前面栽了两棵大柱子，一张宽大的白银幕就挂在两柱之间，幕布四周有一圈黑色包边，看起来就像一个巨大的电视屏幕。场子的主要地盘上坐着当兵的，整整齐齐，正中间是放映机。我们这些小孩子只能在周边找位置或坐或站。

电影开始之前，我们总是喜欢疯赶，引得当兵的不停地喊：“注意，注意点！”

开始放映之后，我们也不会老老实实，常常东游西逛，不时摸到幕布后面，去看看反着的画面，那感觉很有意思。有胆子大的，竟然跑到放映机旁边去了，把我羡慕得直流口水。因为那里坐着密密麻麻的当兵的，我从来没敢往里多走一步。

那时，军帽是很时髦的，有的孩子看电影就戴过来，炫耀一下。冷不防会被黑处伸出一只手抢走，然后，追赶、争夺，有时追回来了，有时就没了踪影。有一次，我身边一群大孩子因为抢军帽大打出手，我没躲开，混乱之中鼻子挨了一下。

事态很快平息了，可我的鼻子血流不止。我本来就是个沙鼻子，平时不动都爱流血，挨了一下，就更来劲了。大家七嘴八舌为我出主意，这个说让我举手，那个说让我仰脸，都不管用。不知是谁喊：“用人奶试试。”妈在旁边急得直跺脚，竟然就信了，一把拉着我，到黑压压的人群中找到了一个新媳妇。

也不算太新，嫁过来已经一年了，刚刚生了孩子，奶水充足。新媳妇也不含糊，当场就解开上衣。我吓得直往后躲，只有一个念头：宁可流血不止，也不能要新媳妇的奶。

妈在我屁股上狠狠拍了一巴掌，我疼得脖子一硬，眼泪都涌出来了。幸好黑，没人看见。

我不能退了，硬着头皮过去，仰脸躺在新媳妇的臂弯里。她就像给婴儿喂奶似的，把奶头凑过来，挤。不同的是，奶水没进我的嘴里，都进了我的鼻子里。

说来也怪，鼻血马上就止住了。

妈对新媳妇说了许多好听的话，可是，新媳妇硬是不要。她们俩就在那里推来推去，完全不顾我的感受。哼，她们都把我当作小毛孩子，其实我什么都懂。我一点也不高兴，感到自己没脸见人了。这事要传出去，小伙伴们还不知道怎么羞我呢！

谢天谢地，这事竟然没有传出去。不过，后来有一件事，还真让我羞了很长时间。

约莫七岁那年，一个大冬天的晚上，我正在吃晚饭，就听当兵的喊起了口号。不好，有电影。我急马急象（地方话：急急忙忙的意思）赶到电影场，电影已经开始了，是越剧《红楼梦》。

出门走得急，没带小板凳，我就站在边边上看。不一会儿，下起了雪，还挺大，但谁也没有挪动，电影正常放映。我穿着棉袄，把手抱在胸前藏在袖管里，不停地跺着冻得发疼的脚。说实话，那电影的唱词一句听不懂，全靠看字幕。

后来，看到“黛玉焚帕”那一节，我竟然哭抽了，鼻涕眼泪往下哗啦，擦得满袖子都是。

看完电影，我自己都羞得无地自容，没敢对任何人说。但就是那一刻，我记住了《红楼梦》。我渐渐长大之后，《红楼梦》就成了我最爱的一本书，并一直影响着我，直到彻底改变我的人生轨迹，让我从一个理工男走上了写作之路。

还有一次看电影也让我终生难忘。那时我上初三了，每天下了晚自习，自己回家。那时八团的条件也有了改善，建了一座大礼堂，露天电影改成室内的了。

一天下了晚自习，雨下得很大。我路过八团，发现大礼堂正在放电影，就忍不住钻了进去。放的是《火烧圆明园》，已经接近尾声，我看了个不腥不臭，只得冲进雨里回家去。没走多远，就听到哗啦啦的巨响，港里涨水了，水泥做的桥面已经不见了，一脚踩过去，水就到了大腿高。我吓得折回来几次，最后还是一咬牙，把书包高高抱起来，不管裤子死活，才摇摇晃晃地顶着急流过了港。

我一到家，妈吓了一跳，问怎么一个人回来了，爹接我去了。

我没敢说看电影的事，连忙扔下书包，转身出门。还好，我刚到港边上，爹就蹚着水过来了。我问他接到哪里去了，他说一直接到学校，没找到我的人，就回来了。我还没来得及解释，爹就说了，这中间岔路也多，容易走错过。

我一听，这倒是个很好的理由，不必多说了。

20 捉　鱼

捉鱼对每一个农村孩子大概都有深刻的印象，我也不例外，因为我是最不会捉鱼的那一个。

不会捉鱼的主要原因是我不会水，基本的狗刨都不会，掉到水里就直接往下沉。

不会水的根本原因是，妈不让下水，发现就重罚。她是有心病的，我大丫丫有个儿子，应该是老二，就是我表弟，在几岁大的时候，淹死在田边的水沟里。

大多时候，我只能站在岸上看小伙伴们游泳。他们游泳也不闲着，边游边捉鱼，在齐胸深的水里，也能捉到鱼，看得我目瞪口呆。最能捉鱼的是黄帮林（黄婆婆的孙子），比我大两岁吧。他个子中等，两只手与身高不相称地大，一张开就像两张网。他只要站在水里，突然盯着水面，水下那条若隐若现的鱼十有八九在劫难逃。哗啦啦一阵水响，一条大鱼已经掐在他手中，摇头摆尾，最后乖乖地进了他的篓中。这么说吧，他只要在水塘里游一次泳，他家就有鱼下锅了。

我也不能光看呀，忍不住心中的痒痒，一咬牙，不管后果，脱光衣服，小心翼翼滑进水塘。我不敢像他们那样在深水里撒欢，只能顺着边边溜，试探着用手抓住岸边伸出的草木，抬腿扑腾两下，呛几口水，过一下瘾。捉鱼，更别想了，一条鱼冲过来，能把我吓得倒在水里，再呛几口水。

我已经很小心了，在边边上，也遇过两次险。

一次是暑假到表弟家小住，表弟带我到水塘玩水（我那水平不能说游泳）。大家都到深水中游得像一条条鱼，我独自顺着岸边溜，扑腾两下，马上站起来。扑着扑着一站，脚下竟然是空的，我直直地就沉了下去。那一瞬间，恐惧就像水一样淹没了我，我睁大眼睛一看，四周一片混黄。完了，彻底完蛋了。就在绝望之时，我的脚突然感觉触到了底子，于是，我拼了命一蹬，身子就忽忽地向上漂，然后，手脚并用，连滚带爬，挣扎着到了岸上，成了一摊烂泥。表弟发现不对，过来一问明情况，才告诉我，说这里是水塘的放水口，就像一口井。我一听，暗吃一惊：幸好没有放水，那样，我就会被水涡吸进去，多大力气也爬不上来了。

还有一次是黄帮林在捉鱼，我想跟他学，他就让我过去。我壮着胆子慢慢往水中央走，和他面对面时，水已经到我下巴了。这时，我感觉脚下泥软，身子直往下陷，就伸出双手向他求救。他笑着摆手，以为我在开玩笑呢。一眨眼，水就没了我的嘴、我的鼻、我的眼，我咕嘟咕嘟猛喝着水，绝望地伸手乱抓，终于抓到了他的手。

常常偷着下水，也常常被妈发现。她的办法很简单，让我伸出胳膊，她用指甲一扣，如果出现一道白迹，那不用多说，跪下。妈不动手，罚跪是她常用的，也是我常用的。因此故，尽管我家乡算是鱼米之乡，但我直到大学毕业参加工作远离我妈没人罚跪，才在游泳池中勉强学会浮出水面，还是正宗狗刨。真正学会蛙泳，已经是四十多岁了。

我也不是没捉到过鱼。偶尔，爹也会带着我到后面的港里忽鱼。就是用泥巴把上面的水一挡，在下面筑个坝子，然后，用盆儿把中间的水忽干，鱼就全部露出来了。剩下的就只用篓子捡鱼了。

有一次，我自己竟然捉了一篓子鱼。头天夜也下了一夜大雨，一大早放晴了，我牵着牛上山，路过水沟，水刚退，两边的茅草都被冲倒了，沟边的水凼子里面全是鱼，活蹦乱跳，就是回不到沟里去了。我丢下牛，飞快地跑回家，提个篓子来，顺着河沟捡，一条鱼就跟一块金元宝似的，心里别提多美了。

我其实不会捉鱼，只会捡鱼。年关近了，水塘抽干了，大人们把大鱼都捞走了，小孩子们就跟在后面捡漏。我也提个篓子，赤着脚，高卷着裤腿，到淤泥中捡鱼。虽然手脚都疼得通红、发疼，但能从泥巴里揪出小鲫鱼，那心中的美能盖过一切。我美滋滋地盯着泥巴，观察，哪里有动静，就伸手过去，准能抠出一条鱼。果然，泥巴里又动了一下，我心中一喜，把篓子丢在一边，双手伸过去，一夹，捉了个活的。我狂喜，举到眼前一看，天哪——吓得我灵魂出壳——不是鱼，是一只癞蛤蟆。我一把甩掉，拔腿就跑，也顾不得那一篓子鱼了。

从此，落下了后遗症，活怕蛙类，特别是癞蛤蟆。一到夏天，蛙类盛行，放牛回家时，夜幕初降，正是癞蛤蟆出动时，路边到处是缓慢蠕动的身影，吓得我踮着脚，不停地蹦跳躲闪。我宁愿遍地都是蛇，而不是癞蛤蟆。

蛙类一直是餐桌上的一道美味，但我从来不沾，甚至正眼都不敢看。朋友们误以为我是爱护益虫，他们哪里知道，我是怕呀。

今年过年，我家请客，一大早，老婆让我到超市购物，开出的单子里有一项是牛蛙。我很为难，最后把正在温习功课的儿子叫出来，支着他去了。老婆狠狠训我，说儿子都高三了，马上要高考了，我还去惊动他……

她说得在理，可是，一千个理一万个理也顶不住我心里一个怕呀。

21 背　书

从小就怕背书，可偏偏要不停地背，特别是语文，背诵课文更是成了家常便饭。

三年级的时候，齐老师教语文，要求背诵的课文，必须人人过关。一大早她就坐在教室里，每一个人都得依次走到她面前，把昨天的课文背诵一遍，哪怕错一个字都不行，打回去重来，谁也别想蒙混过关。

我每次站在她面前背诵，看起来一脸自信，其实心虚着呢。课文都是当天早上放牛的时候强记的，很不牢靠，脑袋稍一晃荡，就有可能掉线儿。

有一次大清早，我在山上放牛，随身带着语文课本，必须集中精力背课文，因为一进教室门，就要过齐老师那一关。

可能是过于集中精力，等我吭哧吭哧把课文背了个半生不熟的时候，一抬头，找不到牛了。我以为牛就在山坡后，可找遍了山上山下，连尾巴都没见到。我的心就揪住了，一边顺着牛脚印往前找，一边见人就打听。太阳已经老高了，晒得浑身发燥，满身是汗。这时，肚子也来凑热闹，咕噜乱叫——哼，我哪顾得上你?

深一脚浅一脚，我已经记不清翻过了几个山头几个山湾，最后终于在另外一个大队的地盘上找到了——我那离家出走的牛。抓住牛鼻绳的那一刻，我已经没有发火的力气了，心里满是庆幸。转头回家，系上牛，直奔学校。

迟到了将近一节课，齐老师刚刚检查完全班背课文，我就冲进了教室。我低着头向她讲了真实的情况，就主动把语文书递过去，准备迎接她的检查。她把我的书推了回来，说:“既然是因为背书丢了牛，那么，书一定背得很好了，就不用检查了。”

这是我第一次免检，心脏喜得怦怦直跳，暗自庆幸自己蒙混过关了，因为她要真让我背，不知要丢几个三落几个四呢。

整个学生生涯，背书就像个噩梦，甩都甩不掉。到了初中，难度升级，要求背诵文言文，真是要命的活计。什么欧阳修、杜甫、韩愈，我真搞不懂他们为什么要写那么难懂的文章让我们背诵。这些害人精还稍可原谅，因为老师常常只要我们背诵他们文章的某些章节，最要命的是范仲淹，写了个《岳阳楼记》，老师天天告诉我们说这是千古美文，必须一字不落地背下来。我暗骂老范简直就是千古罪人，边骂边背，一遍不行两遍……直到最后，我连序都背得滚瓜烂熟。但不幸的是，多年以后，我再回忆，能准确背诵的竟然是序，正文已经忘得千疮百孔了。

到了高中，老师要求我们背诵英语课文，汉语都够让我头疼了，这简直就是开国际玩笑。没想到老师是来真格的，每天早自习就到教室盯着我们。我从《卡尔·马克思是怎样学习外语的》开始背，每一句话都要在我脑袋瓜子里转两个弯，才能从嘴巴吐出来，那个费劲，就像吃鱼喉咙卡了刺。

我说的这些只是我自己的状态，无论什么时候，班上总有能人，他们好像非常喜欢背诵课文。老师一布置背诵，他们就如获至宝，拿着课本摇头晃脑地背起来，用不了多少工夫，就能从头背到尾了。对于这种人，看他一眼就来气，我其实只想说一句："滚远点！"因为我连开头都没背进去呢。

也不是从来没有喜欢过背诵，可能就那么一次例外吧。那时，我常常把家里的鸡蛋带到学校，卖给老师，一毛钱一个。有一次，我带了二十个鸡蛋，卖给老师的时候，发现破了一个，就准备把那个破蛋收回来。老师不让，全盘收下，给了我两块钱。我揣着钱从老师办公室出来，发现学校里围了一大堆人，凑过去一看，是新华书店来摆摊，几张大木板上放满了书，让人眼花缭乱。

书对我们来说，真的是奢侈品。那时候看过的杂志，能够记起来的只有一本，就是《儿童文学》。不是人手一册，而是全班共用一册，从张三传到李四，再从李四传到王麻子，等王麻子传到我手上时，已经是前不见头后不见尾。好在我根本不在乎，拿在手里就看，只要是文字，就能吸引我。

这话一点都不夸张，我还经常在地上捡别人丢掉的报纸看，哪怕只是一小片，也看得津津有味，好像那时的报纸字字都是珠玑。下课和同学疯打的时候，我会有意往办公室那边跑，因为那里往往能捡到更像样的报纸。

每天放学，我都要经过一大片水田，田埂特别窄，有些路段只能容一个人通过。如果对面来了个人，不管是美女丑哥，都得来个亲密拥抱，转个一百八十度，再松手各奔东西。就在这种田埂上，我常常是专注地看着一张破报纸一路走过去，竟然从没有掉到水田里去。

有一次，我正看着破报纸走在田埂上，就觉一片阴影遮挡过来。我回头一看，一个比我高一头的大姐姐正伸长脖子看我手里的报纸。我没有惊动她，两人就一前一后，共同看着一张破报纸一直走过那长长的田埂——再次申明，没有人掉进水田。

所以，能看到新华书店进入校园，我不会随便放过这种机会。我围着书摊转来转去，越转口袋捂得越紧，生怕里面的钱会长了翅膀飞掉了。眼看要收摊了，我咬牙决定买一本最经典的书。我已经在脑袋里过了三百次了，就买《唐诗三百首》。这可都是从唐朝流传下来的呀，它不经典谁经典?

书价一块两毛五，整整花掉了我十二个半鸡蛋。我总算想明白，今天那个鸡蛋为什么要裂成两半了。

值得庆幸的是，我妈没在鸡蛋上大做文章，她只是啧啧两下，说："书硬是比鸡蛋值钱呢，一本书就能换走十几个鸡蛋。"

我也是个极知好歹的人，不仅心疼那十几个鸡蛋，更是感谢我家的母鸡。母鸡每次从窝里跳出来咯咯嗒叫个不停，我就听得出它们是在提醒我好好读书。为了不辜负母鸡，我开始背唐诗，只要上山放牛，我就带着《唐诗三百首》，从第一首挨着往后背。这还没完，我又找来一支秃头毛笔，蘸上钢笔水，很正经地在内页上写“赠给吾友黄春华”。

记得开篇一首里面有“葳蕤”两个字，一个也不认识，在后面注释里搞清楚了读音和意思，顿时觉得自己特别长学问。后来，我利用放牛的时间，真的背完了《唐诗三百首》。只可惜我这脑袋天生就存不住东西，时间一长，就忘得差不多了。

22 写作文

我写作文跟放牛是分不开的，因为每一篇作文都是放牛时在山上写完的。趴在地上写，作文本上就难免会留下蚂蚁的脚印、我的手印，还有牛尾的泥浆……反正最后就成了一个大花本。

有一阵子，我的语文老师见到我的作文本就皱眉，总是教导我说：“你看看你的同桌，本子多干净！”

那一阵我抬不起头，就埋头看同桌的作文，稀烂，写的啥玩意儿嘛！于是，我也皱眉。

五年级的时候，我们换了语文老师，她叫阎花兰。一开始，她也皱眉，等搞清楚我写作文的姿势之后，她就不介意了。慢慢地，她对我的作文越来越感兴趣，最后竟然举着作文本对全班同学说：“这是最脏的作文本，但是最好的作文。”搞得我脸红耳热，还是抬不起头。

从此以后，我的作文几乎都成了范文，最过分的是，阎老师到了最后，根本就不预览，直接抓起我那脏兮兮的作文本就给同学们念。太过分了，你说说，我遇到这样一个老师，还能对作文不感兴趣吗?

有一次，阎老师也因为作文批评了我。那是快到期末考试的一个三天假期，老师为了磨炼我们的写作能力，就布置了十篇作文。我毫不含糊，趴在山上吭哧吭哧，一篇不少，如数上交。阎老师一翻开我的作文本，我脖子就伸长了，等着迎接表扬呢。可她狠狠地批评了我一顿，说她明明布置的是完成十篇作文的提纲，说我完全没有听讲……全班同学都目瞪口呆地望着我，惊讶我完成了一项不可能完成的任务。我虽然挨着批，心里却暗自得意着呢。

还有一件事也让我得意至今。老师让我们写《记一次考试》，我写"我埋头答题，老师在教室里巡视，一走到我身边，我就停下笔，不写了"，这都一般般，绝的是接下来这句"就像母鸡下蛋，不喜欢让人看"。老师当时是怎么表扬我的，我已经记不清了。但在我写作生涯二十多年之后，我仍能够确定，那绝对是神来之笔。

一个作文写得好的孩子一定是爱胡思乱想的。那时，牛在山上吃草，唰啦唰啦的声响常常会把我带进一个奇妙的世界。我望着山林发呆，傻傻地想：天空是倒过来的海，鸟儿就是海里的鱼呀；山是巨大的船，不知要带着我游向哪里呢；每一棵树都有心脏，只是深深地埋藏在地下；我的牛来自天庭，特意和我做伴……

我爱乱想，也爱胡吹，大人们都说我是个“吹牛大王”。吹牛就是讲故事，我只要一开讲，大大小小的放牛娃都会围过来。有些故事是听来的，有些故事完全是自己胡编的。有一阵子，我一上山就给伙伴们讲《射雕少年》，故事跌宕起伏，情节紧张，悬念丛生，讲到精彩处，突然停住，每天只讲一段，第二天再接着讲。不管伙伴们多么急切，怎样逼我，都是这种规矩。因为下文我自己也不知道，得当天晚上胡编，第二天才有内容讲。

我虽然在小伙伴面前吹得口水乱飞，但一遇到会讲故事的人，我马上就哑火，竖起耳朵听。幺爹是故事高手，只要一到我家，我就缠着他不放，每次都留他过夜，和我睡在一起。他总有讲不完的故事，坐在我家火笼边，我听他讲过《梅花档案》《一双绣花鞋》《画皮》……虽然我越听越害怕，但内心还是希望他永远不要讲完。

多年以后，我成为一名写作者，我对写作的理解仍然停留在童年的记忆上。其实，我就是在努力做一个讲故事的人，劳作了一天，大家围着火堆坐着，我讲故事给大家听。讲得好，就会有越来越多的人围拢过来；讲得不好，就纷纷起身离开。仅此。

23 蛇

水田的稻谷蔸子，池塘的芦苇，山沟的茅草，到处都有蛇。

蛇的种类各不相同，有浑身灰褐色的土公蛇，有上下一身绿的水蛇，还有红色打底黑色斑点的花斑蛇……

蛇的毒性也有轻有重，你要是被水蛇咬了一口，你跑到大人面前哭哭啼啼，大人不会理你，只告诉你：水蛇咬个包，一边走路，一边消。你要是被土公蛇咬了，不用哭，大人们都会忙着帮你吸掉伤口的毒血，再摘一把马莱汉，揉搓成绿浆，敷在伤处，包扎。

在路边的草丛里，经常能看到完完整整的蛇皮挂着，也能看到一条蛇死死咬住一只青蛙，青蛙一边挣扎一边咕呱乱叫，不多一会儿，就被蛇整个吞了下去。

有一次，我在打猪草，彭军跟着我玩。他爸爸是军人，他妈妈刚带着三个孩子（他有两个妹妹）从老家来，部队一时没房屋给他们住，就借住在我们一条边边上的黄开国家里。我们在树林子里发现了一条花蛇，就一起捡石头攻击。

蛇受到惊吓，到处乱跑，我们就追着打。我在前，他在后，嘣的一下，我后脑勺重重挨了一下。我伸手一摸，好嘛，一手血。他张着嘴望着我，连忙扔掉手里的石头，不知所措。

我明白过味儿来之后，就坐在地上大哭起来。他过来给我赔不是，怎么说我还是哭，直到他说帮我去打一篓子猪草，我才刹住哭。

蛇有时候也会爬进屋里来。有一天晚上，我刚爬上床准备睡觉，一抬头，看见房梁上缠绕着一条大蛇，吓得冲出去喊爹来看。爹找了根竹竿，跟着我来到房里，却不见蛇的影子了。爹劝慰我说，蛇进屋来是为了吃老鼠。老鼠也不是什么好东西，蛇还有点用处呢。这样一想，就不太害怕了。

蛇当然不只是爬进我家，谁家都去。后来，有一条蛇爬进了同村子李姓人家里，还和他家小儿子同床铺睡了一夜，天一亮，小李子摸到身边一片冰凉，推了两下，感觉不对，迷迷糊糊翻身一看，就完全清醒了。那是一条蟒蛇，茶杯粗，钎担长。小李子吓了个半死，连滚带爬逃出来呼喊，一家人拿着镰刀铁锹杀进去，早没了影子。

蛇给我的印象除了恐怖，还有神秘，总是来无影去无踪。我明明看见它就在那里，可是，眨个眼，它就不见了。我一直以为，它不是爬行逃掉的，而是会变化，有妖一样的本事。

我终于遇到过一条妖一样的蛇，只那么一次，绝不会忘记。那是一个夏天的正午，太阳晒得四周一片青草味儿，没有风，只有知了热呀热呀叫着。我在枣树下玩，听到树上有一些响动，一抬头，天哪，高高的枣枝上倒吊着一条花蛇，是我从来没见过的样子。它的头上长着鸡冠一样的东西，身子来回摆动，好像马上就要掉下来。

我吓得坐在地上，扑通弄出响动。蛇突然就不摇晃了，身子挺了起来，尾巴一松，就平缓地向远处滑翔，慢慢地降落到小树丛中，不见了。

我第一次看到会飞的蛇，没有翅膀，能飞那么远，真是把我吓傻了。

回过神来，我把我看到会飞的蛇讲给妈听，妈不信，说我扯白；讲给姐姐听，姐姐摇头；讲给妹妹听，妹妹只是笑。我就去找小伙伴，讲给他们听，他们说我日白不打草稿纸。

到今天都没有人相信我看到过一条会飞的蛇，最后我只有把那蛇留在脑子里，让它独自飞，一次一次地飞。我越来越相信，蛇就是妖。

24 同桌

一直想有一个漂亮的女生同桌，但很难实现。记忆中，老师总是把我安排和男生同桌，偶尔安排一个女生，也是不中意的。后来终于安排了一个漂亮女生艾春梅，好嘛，我不但高兴不起来，还天天皱眉，愁死了。

艾春梅是艾国贵家的二女儿，人长得漂亮，性格也文静，一双手伸出来白白净净的，手指头能向手背方向齐刷刷地弯成九十度。她整天穿得也是干干净净，跟部队小孩儿差不多。她家就住在我们一条边边上，从小一起玩，就是俗话说的青梅竹马。按理说，这是多好的一个同桌呀。

可我们两家一直不和，大人常吵架，我也搞不清楚是什么原因，就像有世仇。从小，我还真和艾春梅一起玩过家家，骑着竹竿满地跑。跑着跑着，她就会突然想起什么似的，停下来，冲我喊:“滚！”我问咋了。她说，她丫丫（爹）不让她跟我玩。

就这样，我俩一直玩玩闹闹，十分别扭。等上了学，好像都懂了不少世事，继承了世仇，相互就有了莫名其妙的敌意，见面也不说话了，严重的时候还丢对方一个白眼。就在这个时候，我们成了同桌。

下课之后，我会跟周边的同学说笑，唯独不理她，有时，我会偷眼看她，她也跟我一样，找着其他同学聊天，脸都不偏向我这边。如果万一不幸我们目光撞到一起，她也会马上抹掉笑脸，气哼哼地把脸一偏。

虽然都不理会对方，但该合作的事，还是照做不误。比如我们会一起做卫生，她扫地，我就会抹桌子，她擦窗子，我就会打水，有时还会给她递抹布呢。比如到操场上开大会，我们就一起抬着长条板凳，轻举轻放，再一起坐下。

记得有一次学校开大会，校长在上面讲话，什么内容不记得了，反正很长。我就仰着头盯着校长的嘴，数着他到底要张开合上多少次。数得入神，我一只手在板凳上摸到一个圆溜光滑的小坨坨，也没拿眼瞧，就搓玩起来。等校长讲完话，我回过神来，想看看我搓玩的是什么东西，一低头，天哪，是她的大拇指。这么长时间，她竟然一动没动，没喷我，也没抽走，直到我侧头看时，她才红着脸低下头去。我们仍然是一句话没说。

后来，不知是她向老师提出申请，还是到了该调座位的时候，反正我们就调开了，从那以后，我们再没有成为同桌。

还有一个同桌叫桃子，人长得瘦，但干巴有劲儿，经常跟男生打架，把男生打得哭哭啼啼。

桃子不是我们生产队的，但我知道她家穷，衣服又脏又破，还经常赤着脚来上学。她交不起学费，总被老师点名催债。

我见过她爹两回，样子很凶。一回是她和男生打架，吃了亏，她爹卷着泥巴腿脚直接冲进教室，当着老师的面把那个男生一把提了出去。还有一回，她爹也是卷着泥巴腿脚，追着她打，一直追进了学校。

老师把她调来跟我同桌，我马上就皱眉了，因为她身上有一股很难闻的味道。我捂着鼻子，高高地举起一只手，喊："老师，我不跟她同桌。"

老师问我为什么。我说，她身上有味道。

同学们都大笑起来。

老师瞪了我一眼，说："你先坐下，到时间再调。"

我只好坐下，侧头看，她已经趴在桌上，把头埋在臂弯里，一动不动。

我和她的同桌生涯是怎么度过的，我已经记不清了。但我每每想起这事，就特别愧疚：那对桃子会是怎样的一种伤害呀！我一生都会为此感到不安。

上了初中，我终于迎来了一个称心如意的同桌张桂馨。她跟我不在一个生产队，不是青梅竹马，也没有世仇。她不仅性格文静，学习也好，每次我考第一，她就是第二。能有这样一个同桌，我心里暗自高兴。

可我高兴得太早了，没多久，我就发现跟她同桌是我最大的不幸。原因只有一个，我好动，她好静。她从一大早坐上了座位，屁股就像钉在凳子上了，一坐一整天，眼前永远放着课本，不是语文就是英语，要么就是政治。我呢，课上到一半就开始盼下课铃，课间冲到操场上疯，上课铃不打第二遍，是不肯回教室的。

这样一来，她就成了我的鲜明对比，我就成了反面教材，经常被老师说成“陀螺屁股”“三脚猫”之类的。我真是不服气，班上比我爱闹爱动的有的是，老师为什么不说他们偏说我？

有一次下课了，我们几个男生在操场上玩弹珠子的游戏，玩得太投入了，都没听见上课铃声。我正撅着屁股瞄准了要弹珠子，突然，后脑勺重重地挨了一下。我非常恼火，一转身，却见是班主任余老师站在面前，我还是没忍住火气，问：“都在玩，为啥只打我呢？”

那时，余老师在我眼里已经是个小老头子了，他指着我的额头，恶狠狠地说：“打的就是你，因为你跟他们不一样，他们有铁饭碗（那几个都是部队小孩儿），你只是个泥巴腿子！”一语惊醒梦中人——原来，人天生就是不平等的。我猛然间意识到，我肩上的任务其实就是要跳出农门，要不，就还得回家像我爹一样，天天和泥土打交道。

再回到座位，偷眼看张桂馨一动不动的身影，似乎明白她心里在想什么了。从那一刻起，我就暗下决心，向她学习。值得庆幸的是，我和她都跳出了农门，她现在在一所中学教英语。

我的同桌肯定不止这些，一一列出来，未免太啰唆。其实，我只是想对我那些曾经的同桌说，无论是我亏欠你，还是你亏欠我，我都真心感谢！因为那些往事都成了我童年珍贵的记忆。

25 捡　宝

山上山下都是宝，但有些不能说是捡。比如鱼虾，靠捞；柴火，靠打；猪草，靠挖。

能捡的都是些小东西，雨后捡菌子（蘑菇），山上多是松菌，一片一片，扎在松树下、茅草中，像躲避老鹰的小鸡仔，怯怯地挤成一团。路边多是高脚菌，呈一字摆开，高高的细秆上撑着一个帽子，就像刚刚下过蛋的母鸡，总是那么趾高气扬。

菌子也不能乱捡，花菌子有毒，越好看的菌子毒性越大。听说有人吃了花菌子，丢了命呢。我也懒得细认，反正除了松菌，我一律都不捡，这样该安全了吧？

不。有一次，小雨过后正是捡菌子的好时候，我把牛丢在山上，扯一根茅草，一头打上结，捡到菌子就穿上去，不一会儿，就有了一长串。这时，我又看到一个大菌子，伸手过去捡，这一捡，我的魂差点飞了。就在菌子下面，趴着一条蜈蚣，一拃长，浑身乌黑，黑里透亮，亮里泛红。幸好我的手缩得快，没有让蜈蚣咬住。

蜈蚣比我更紧张，身子一缩，甩动所有的脚，唰啦啦向一边逃去，眨眼就不见了。

田地里收获之后，也有许多宝，但不能随便捡。稻谷收割之后，队长派人捡过一遍，我们这些孩子才能下地。那时，虽然已经很难捡到，但总还是有遗漏的，我们每发现一根稻谷，就跟看到金子一样，飞跑上前。太阳落山的时候，我们手里都捏着一把稻谷了，举过头顶，比谁的最粗。

捡来的谷子多半是喂鸡了，鸡吃了谷子，下蛋就带劲，我们再吃蛋。这样一想，鸡还是没有人聪明呀。

挖花生是我们最眼馋的时候。花生挖完了，不让我们下地，队长派人捡过一遍了，还是不让我们下地，最后，牛下了地，拖着犁开始翻耕了，我们才能下地。我们就跟在牛屁股后面，在一垄一垄新翻起来的土块上搜寻着漏网的花生。

花生可以直接下肚，我们都是捡一颗吃一颗。花生壳上裹满了泥，没关系，剥开了，就露出白白净净的花生米，往嘴里一倒，嚼起来脆生脆生甜。也有把泥倒进嘴里的时候，赶紧吐两口唾沫，抹一下嘴角，跟上小伙伴，争着抢着捡花生。

有的花生已经发了芽，如果是刚刚露出一点小白芽，也可以直接丢进嘴里，一嚼，会感觉到更水灵呢。

捡宝也不都是捡吃的，粪便也是宝。

田埂路边的牛粪一旦被我们盯上，就只有乖乖地进到粪筐里来。有时，我挑着粪筐到处转悠，半天也碰不到一坨牛粪，心里就暗暗恨那些牛，光吃不拉，长个屁眼干什么？

牛粪没得捡了，我们就到部队猪圈里去捡猪粪。当兵的看见，也不反对，因为我们都是自带铁锹和粪筐，帮着清理猪圈了嘛。

有一阵子，捡猪粪成风，寒冬腊月，天还没亮，好多身影就挑着粪筐从四面八方奔向猪圈，抢夺地盘，抢到地盘就等于抢到猪粪。那时，猪还在睡梦中，被我们突然闯入吓得站了起来，哼哈乱叫，还以为我们要抢它们的肉呢。

正常的时候，我们也是对粪便躲避的，可是，一到捡粪的时候，粪便在我们眼里就变成了金子，这是为什么呢？我细细一想，可能是我们都明白一个道理，粪便是庄稼的粮食，庄稼是我们的粮食，到底还是到了我们嘴里，原来，我们一切都是为了这张嘴巴在忙活。

最有意思的还是到部队的垃圾堆里捡宝。垃圾堆该是脏吧，可那时成了我们眼中的聚宝盆，我们总能从中捡到一个又一个宝贝，烟纸盒，可以叠成三角板，去和同学们比试；橘子皮、牙膏皮，可以卖钱；西瓜皮，可以喂猪……

在我们上学的路上，要经过飞行大队招待所，那里有一个封闭式的水泥深坑，专门装生活垃圾。放学之后，要先经过一片田畈才能到达招待所的垃圾坑。每次一放学，我们都夹着书包从不同的田埂上飞跑，目标当然只有一个——垃圾坑。

垃圾坑的上面盖着水泥板子，开了一个不算大的口子，差不多够一人出入。只要第一名到达，顺着豁口跳进了坑里，就算彻底胜利了。后面跟来的人知道没戏了，都会垂头丧气地转头走开。

我天生个矮，腿脚没别人快，跑不赢别人，又不死心，就等跳下去那人捡够了宝，爬上来了，再偷偷过去往下一跳。当然，那时能供我捡的宝已经没有了，我只能捡漏。

26 运动会

个矮腿短，从小就没有运动天赋，每次开运动会，我都只能搬个板凳坐在一边当观众。但我爱看，一会儿为跑步的加油，一会儿又跑去看跳高跳远的，忙活得团团转，一点也不比身兼三项的运动员轻松。

缺什么想什么。我就特别想当运动员，常常在自家的打谷场上练跑步，从这头冲到那头，耳边呼呼生风，感觉自己是全世界最快的短跑选手了。有时也会用两个粪筐架一根竹竿，苦练跳高，竿子过了腰就跳不过去了，干脆降低高度，直到能跳过为止。反正就我一人，多高多低都是世界第一呀……

后来，我还真参加过一次运动会，不是因为我练成了正果，跑得快跳得高，而是因为我数学好。比赛要求跑一百米，在五十米的地方放一张考试卷子，上面有十道数学题，运动员必须做完题目再跑到终点才算数。老师过于信任我的数学成绩，全班那么多快腿不派，专门派我上场。我过于激动，拼了命跑到五十米处，已经累得脑袋一团糊了，智商明显下降，平时的数学优势瞬间消失，最终也没取得老师满意的成绩。唉，朝思暮想的东西，其实就是永远也得不到的。

这样一来，我就只有羡慕的份儿了。羡慕那些腿长脚快身形矫健的运动员，我们班就有一个，叫余梅，跑跳投三项全能，人也长得特别漂亮。她家是部队的，因为体育特长，很快就转学了，据说到了一个更好的学校，具体是哪儿，也不清楚。

有一次，我们正在大扫除，她忽然回来了，说是想念同学，回班来看看。几个女生围着她叽叽喳喳，男生也特别兴奋，在一边使坏，扔纸团挥扫帚，不让女生安宁。女生带着余梅往一边躲，躲到哪里，我们就追到哪里，越追越起劲，最后终于成了男生追女生的游戏。

女生当然不乐意，护着余梅一边还击一边喊叫。女生越叫，男生追得越来劲。

就在这时，一个高年级的男生闯进了我们教室，伸手就把几个男生推倒在地。我追得正起劲，没有留意，后脖子突然就被揪住了，脚尖瞬间离地，平移到走廊外，才踏实。我抬头一看，好家伙，那男生太凶了，那架势像要把我们都灭掉。我们吓得一起后退，像被黄鼠狼拦住去路的小鸡崽。

那高大威猛的男生在用各种动作和脏话训斥着我们，我没看他，看到他身后的女生一个个喜笑颜开，余梅更是得意地扭着她矫健的身子，和女生相互扶持着笑个不停。那男生到底是谁？我至今也没搞清楚。

这还是上小学的事，后来，我初中毕业考入当阳一中，竟然又碰到了余梅，她在文科班，是体育特长生。她大概已经不认识我了，我也就不好再追过去打招呼了。在这样一个大美女面前，我已经完全丧失了当年的勇气。

运动会还有一个特别深的印象就是可以看书。同学们总会带上各自的小说杂志，相互交换着看。就算我两手空空，也可以不时得到一本书，坐在啦啦队的后排，专心看上一阵子，那样就觉得非常过瘾了。

每次运动会都要求全体统一着装，白衬衣、蓝裤子、白球鞋，就连我这种不上场的也不例外。白衬衣，总能找到一件，虽然皱巴巴的，但仔细看，也能认出是白色。蓝裤子，我爹有，试穿一下，有点粗，有点长。没关系，使劲往腰上提，腰间系根布带子，再把裤脚卷起来，就凑合吧。只是走路要格外小心，稍不注意，卷起的裤边就会掉下来，很麻烦的。

再麻烦也没有白球鞋麻烦。不是没有，是太旧，被泥巴染得靠近黄色了。姐姐出了个好主意，说先洗干净，再抹上一层牙膏，晒干了就特别显白。我按她说的办，用掉了半节牙膏，果然收到了不错的效果。

可是，当天晚上，妈就拿着剩下的半节牙膏找我算账来了。我只有逃跑，穿着染白的球鞋，跑得飞快，妈根本没希望追上我。那时，我就想，如果我以这种速度到运动场上跑一圈，是不是也可以拿个名次呢？

27 摸中秋

那一年，我刚上小学三年级吧，家里来了两个男人，说是上面派来搞建设的。一个中年人大家喊他李队长，中等个子，人很幽默。一个小青年，瘦高，背有点向前勾，满脸笑，特别是对李队长，更是一句话能点三下头，大家叫他驼子。

他们两人都跟我挤在一个房间住。我的床铺对面又搭起一个铺位，那是李队长的。驼子就和我挤一张床上。一开始我还很不自然，没两天就混熟了。他们对我都特别好，亲切地叫我小伙子。这还得了，我一下变成了小伙子，成天就感觉血直往头顶上涌，干起家务活总是先撸袖子再伸手，劲头十足。中午给牛提一捆稻草，以前是拖着走，现在是一把举起来，要么扛在肩上，要么举过头顶。

我当了小队长，胳膊上别着一道杠，望着别人的三道杠，总觉得有点自卑——哪怕二道杠也好看一点呀。可有一天，李队长拉着我的胳膊，一脸惊喜地说：“小伙子，你真了不起呀，都当上班干部了！”

我不好意思地说：“只是小队长。”

驼子马上笑了，说：“厉害呀，跟我们李队长一个级别。”

一听这话，我信了，马上认识到了自己的价值，再看自己的一道杠，总觉得闪闪发光，总是有意把胳膊往最显眼的地方亮出来。

李队长每天带着他的队伍早出晚归，到前面部队油库去挖土方，好像说是搞战备呢。他的队伍当然不只驼子一人，还有好多，都散住在各家各户。遇到雨天不出工，我家就会挤满一屋子人，全是年轻的小伙子。

自从李队长他们住进我的房间，有百利也有一害。他们经常带些好东西给我，帮我家做这做那，百利就不细说了。专说那一害吧，我打小就爱尿床，被妈骂了多少次，被姐姐妹妹羞了多少次，可怎么也止不住。夜里总是做梦，梦里找厕所，东找西找，费好大的周折，终于找到了，然后，就痛痛快快地尿……往往这时会突然惊醒，但一切都太迟了，床单已经画满了地图。唉!

驼子跟我挤到一张床上之后，我百倍警惕，每天夜里都爬起来，跑到外面尿一泡。可智者千虑，必有一失呀。那天由于白天过于辛苦，倒头就睡，一觉到天亮。一睁眼，我就倒吸了一口凉气——不好，画地图了。

庆幸的是驼子已经不在床上，早跟着李队长出工了。我不敢声张，把被子叠好，小心翼翼地把地图盖上，悄声出门。

纸包不住火，被子盖不住尿。晚上谜底当然要揭穿，结局却出人意料。李队长大骂驼子：这么大个人了还尿床，竟然用被子盖着……语气非常夸张，最后还踢了驼子一脚。驼子竟然没有辩解，不停地点头认罪，麻利地扯着床单出去清洗。我大老远听到，没敢靠近，连忙转身回避了。

这事过去没多久，就是农历八月十五中秋节。李队长回家去了，据说是想老婆孩子了。驼子没结婚，没有老婆孩子可想，就留下了。

天一黑，月亮就出来了，满地像打了一层霜。驼子拉着我的手往外走，说带我去摸中秋。

我是头一次听说，搞不懂。他就告诉我，说在他们老家，中秋节这天夜里，可以随便到别人家田地里摘东西，那不叫偷，叫摸中秋。主人家发现了也不会生气，最多赶走。因为摸到的人有财运，被摸的人家也粘上财运。

我挺高兴，但一个人往野地里跑，还是害怕，就想让他陪我。

他甩开我的手，说摸中秋不能结伴，结伴就算偷。他一闪身，跑没影了。

我一时不知摸什么好，想来想去，就想起当兵的菜地里的冬瓜，就在路边上，每次我牵着牛路过都会看上一眼，虽然还没有完全成熟，但个头已经不小了。好，就是它了。

我提心吊胆地顺着大路来到菜地，看见当兵的都在不远处的场子上看电视，万一有人向这边扫一眼，或者过来撒尿，可怎么办？这样一想，就不敢直接下地里摸了。

我先到电视场子上转悠一圈，假装看电视，看了一会儿，又假装不想看了，往回走。一回头，并没有谁注意我。于是，我来到菜地边，蹲下去，摸到了一个冬瓜。

我的心跳得厉害，不停地告诉自己：摸中秋不算偷。然后，用力扯断瓜藤，抱起来不紧不慢地离开。这样才不会引起怀疑。

我一到家，驼子不知从哪里摸回了一大捆花生，可把我馋坏了，当时就要用冬瓜跟他换。

他把冬瓜接在手里看了看，说：“没熟，只能给猪吃。”

我气坏了，说：“你这花生猪都不吃呢！”

他笑了，说：“当然不给猪吃，给你吃的，想怎么吃都行。”

听了这话，我的气才算消了。

28 特殊的惩罚

小学五年级的时候，教我们数学的老师姓彭。彭老师不高不矮，不胖不瘦，不急不慢，总是一副四平八稳拒人千里之外的神情。他不是部队的，而是从县城来的，站在乡村学校的讲台上，自然而然就显出了大地方的味道。

他讲课的时候，下面要绝对安静，只要有人讲小话，哪怕是翻书弄出了动静，他也会停下来，用两把长剑一样的目光一扫，等悄无声息，再开始讲课。

到了夏天，天热气闷，容易犯困。特别是下午上课，免不了会有偷睡的，要么撑着下巴假装看黑板，要么用书遮挡着脸，要么趴在桌面上，总之，没有一种伪装能逃得过彭老师的眼睛。他发现之后也不喊不叫，不动声色，只听嗖的一声，手里的粉笔头就飞了出去，基本都能精准打击到目标。偶尔偏离方向，打到旁边的学生，旁边那挨打的学生不敢埋怨老师呀，只得冲睡觉的同学撒气，猛推两下，效果跟击中目标一个样。

他轻易不会笑，课间在校园碰到了，向他打招呼，他高兴时就哼一声，有时连哼都不哼。不管哼不哼，他的脸都不会偏一下，目不会斜一下，走路的姿势一点不变，四平八稳地压过去。他就像向前航行的大船，我们不过是些鱼虾，所以，我们都很怕他，远远看见他，能躲尽量躲。

他一旦冲谁笑一下，皮笑肉不笑，那么，这个人一定没好果子吃了。

有一次，数学课代表收完作业本，向他汇报有哪些人没交作业。他听完挥了挥手，让课代表先回座位，然后盯着讲台上的作业本笑了一下，根本没看下面，只是不紧不慢地说："上来吧，不用我点名了。"

下面鸦雀无声，过了一会儿，悟性高的同学才知道是让没交作业本的同学站到教室前面。于是，陆陆续续上去一大排，一个个都低着头，靠墙站着。

彭老师好像并不生气，只是打量了他们一遍，说："抬一条板凳上来。"

虽然没人明白是什么用意，但为了讨好老师，还是有人争着抢着抬上一个长条板凳。

彭老师还是不紧不慢地说："反过来放。"

同学们愣了一下，但还是按老师说的做，把板凳翻过来，面朝地四脚朝天放下。

彭老师不动声色地说："四个人一组，单膝跪到板凳脚尖上，保持不翻不倒，就可以下去了。"

同学们这才明白用意，全傻了，站在那里一动不动。

彭老师笑了一下，不温不火地说："怎么不动呀？想在这里站一节课吗？"

躲是躲不过了，同学们只得硬着头皮，四人一组来到板凳前面，一齐往板凳脚上跪。可哪里跪得住呢？喊里咔嚓，东倒西歪，有的摔倒在地，有的摸着膝盖疼得直咧嘴，教室前面乱成一锅粥，下面笑成一片海。

折腾半天，老师也知道同学们不可能成功地完成任务，就哼了一声，说："没这个本事吧？那就老老实实地把作业补齐，明天一早交上来。"

同学们都一脸巴望地答应了。经过这番折腾，大家可能已经有了更高的觉悟，写作业跟跪板凳脚相比，也就是小菜一碟了。

29 画画本

小时候，接触最多的是小人书，学名叫连环画。《水浒传》《岳飞传》《三国演义》……一本接一本地看，百看不厌，最爱的就是里面的人物装束和兵器。岳飞骑马提枪，岳云使锤，牛皋使锏，关羽手中青龙偃月刀、胯下赤兔胭脂兽，吕布是方天画戟，张飞是丈八蛇矛……

我从来没有买过小人书，都是找同学借。还有一种办法，就是到县城小书摊租：价钱不一样，租金也不一样，有的一分，有的两分。不能带走，就在旁边小板凳上坐下，看完了当场就归还。

有一次，我和艾理平（就是我那同桌艾春梅的弟弟）从修理所经过，看见一辆车正在往坑里倾倒垃圾。等车一离开，我们飞奔过去，同时看到了一坨破铜线——顿时像见了金子似的扑过去。

那是汽车上废弃的一个部件，没有办法拆开。我们也不想吵架，万一让家长知道了，也得上交。我们的想法是归我们自己，于是，我们商量了一个办法——偷偷拿到县城去卖掉，钱对半分。

那时我们都是低年级孩子，除了学校，就没出过远门。但我横了心，第一次没有爹妈领着，摸索着走了八里多路，才到县城。艾理平更是一脸惶惑，寸步不离地跟着我，生怕我抱着铜线逃了似的。我还真有点佩服自己，居然找到县城了，真就把铜线卖掉了，竟然还得到了两块多钱——那可是个大数目呀！

我异常冷静，没着急“分赃”，捏着钱，提议去看几本小人书。他眼睛发亮，连连点头。于是，我们找到了小书摊，那里人已经坐满了。我们就坐在水泥台阶上，津津有味地看了一阵子小人书。

起身离开，我还是不着急“分赃”，提议去下一顿馆子。他真的惊呆了——估计他做梦都没想过这种事。但现实摆在面前，我们的肚子都饿得咕咕直叫，容不得他多想，我就拉着他进了县城最大的馆子——长坂坡饭店。

我也是第一次进馆子，但一看他满脸的惊慌，我就装着很老练的样子，先要了两碗米饭。他指了指旁边的桌子，告诉我，人家都有菜。于是，我又壮着胆子到窗口点了一盘肥肉炒大白菜。这顿饭吃得真是一个香。

出了馆子，我把剩下的钱平分，他却说不可能那么少，硬说我贪了。我急得让他搜我的身，可他竟然哭了。后来我才回过味来——我们的父辈都不对劲，他对我当然没有信任。唉，几十年过去了，我还记得清楚，我还是想告诉他，我真的一分钱也没贪，就剩下那么点儿了。

小人书看多了，手就发痒，没事就在课本的边边角角上画古代战将。我总也掌握不好战将和战马的距离，不是屁股离马鞍太远，就是腰身戳到马鞍上了。武孟宇每次都画得非常合适，他手巧，不仅画得好，还会用几个手指头在桌上敲出战马飞奔的节奏呢。

我心里发急，就抓紧练习。老师比我更急，抓起我的书问我为什么要在书上乱画。

书上是不能再画了，我就收集了一些白纸，装订成一本画画本。从第一页起，我就非常认真地画，果然一次比一次好。那一阵子，我画得天昏地暗，中午回家，一丁点时间也要挤出来画几笔；晚上只要作业一写完，肯定就是画画。不知不觉，就画完了一本。

我翻看着，非常满意，笔法越来越纯熟了，比例也掌握得比较到位了，如果我再画个两三本，那水平，嘿嘿！

张老师突然走到了我面前，一把抓过我的画画本，扫了一眼，怒火三丈。他说，难怪我的成绩明显下降，原来是在搞这些乱七八糟的事。当时语言已经不能表达他的愤怒了，他当着全班同学的面，把我的画画本撕成两半，一甩手，扔出了窗外。

我吓呆了，甚至没空隙心疼那画画本。因为我没想到，我画画会惹老师发那么大的火。从那以后，我再没敢提笔画画了。

直到现在，我还常常想起那个画画本。也许，张老师撕碎的就是我的画家梦呢。

30 奇怪的穿着

上小学时，除了过年，平时是很难穿到新衣服的。可有一次，妈不知是卖了什么山货还是农货，从县城回来，给我买了件圆领海军衫、一条蓝色三角裤。夏天的中午，我不由分说就穿到身上，穿上就不肯脱了。

吃完午饭，我就穿着这一身，兴冲冲地跑到了学校，很得意地把自己的新装亮给大家看。大家都看得两眼放光，但没有一个字的评价。

课间，我们到单杠下面玩耍，一个一个地往上跳，抓住单杠，比赛做引体向上。我做得正起劲，不远处一个高年级的男生喊了起来：“快看，他穿着三角裤嘞！”顿时，四面八方的目光都投射过来，男生女生指指点点，笑声不断。

我从单杠上掉了下来，蹲在地上不敢站起来。直到这时，我才意识到穿三角裤来学校，并不是一件光彩的事。剩下的两节课是怎么熬过来的，我已经记不清了。但我清楚地记得，从那一次，我就明白了一个硬道理，无论多么崭新的三角裤，也不能穿在外面往学校跑。

也不止我一个人穿三角裤来学校。不久后的一天，小李同学也做了同样的事。她是部队子弟，白净漂亮，夏天总是穿着白色的长裙，就像一朵盛开的栀子花。

那天下午第一节课，外面太阳大，教室里面闷，大家一边听课一边昏昏欲睡。就在这时，门口有人喊了声报告，老师一点头，小李同学就进了教室。大家马上醒了过来，一片低笑。

小李同学穿着一件白色衬衫，一条红色三角裤，迷迷糊糊地往座位上走。她显然还没睡醒。她屁股刚坐下，老师就问：“谁让你穿成这样来上学的？”

李同学一惊，低头看了看自己，尖叫一声，站起来就往教室外面跑。同学们再也忍不住，哈哈大笑，整个下午都没有再打瞌睡了。

31 长不大

一到初三，时间马上不够用了，早自习、晚自习，中间也不让休息。可我怎么也紧张不起来，老师都跟着我着急。

课间，和几个男生跑到操场打溜溜，上课铃响了，也没听见，班主任余位义老师直接就追过来给我一犁骨（指用手指关节敲脑袋）。

我和张桂馨同桌，后排是董瑞刚和周昌丽。四人当中就张桂馨最安静，无论身边怎么闹腾，她永远是身体笔直，目光直视桌面，桌面放着课本。董瑞刚也是个闹药（指爱瞎胡闹的人），一天到晚就跟我打来打去，从下课一直延续到上课。

有一次，课间我们闹腾得正欢，两人打成一个平手，这时上课铃响了，化学老师走上了讲台，喊“上课”。我们唰地起立，然后再坐下。可是，我坐了个空，身体重重撞在董瑞刚的桌子上。全班哄笑。

化学老师是个三十多岁的随军家属，性格沉静，不爱发火。她静静地等我爬起来，董瑞刚把板凳重新塞到我屁股下面，才不紧不慢地说:“抓紧闹吧，再不闹就毕业了。”话不重，但我们顿时肃然，瞬间想起了中考的战火已经燃到眉毛了。

有一阵子，我每天下午放学要跑回家赶紧吃一点饭，再跑到学校上晚自习。那时，路上就我一个人，无聊，我就用柳条搓出一段皮，放在嘴里，吹出很大的响声。我一边吹，一边跟着节奏跑，正带劲，突然听到有人说:“你都多大了？”

我抬头一看，化学老师正从另一条岔路走过来——今晚就是化学自习。我吓得连忙吐掉柳树皮，甩开腿脚就往学校跑。

晚上自习课，我们都埋头做化学试卷，化学老师坐在讲台上看守着，不时地下来转一圈。每次她转到我身边时，我就浑身紧张，每一个毛孔都收缩，生怕她喊我起来，问一些柳条口哨的问题。

她确实会在我身边停留，不过是在看我答题，没有发一个音。但我知道，她不可能忘了路上的事情，也许她就是要看一看，一个长不大的学生，化学试卷做得怎么样。

32 路边的坟地

早上五点多钟就往学校跑，去上早自习，天麻黑，路都看不清楚。在上学的路上，要经过一片松树林，林子里有一片坟地。大白天人多，过来过去，还没觉得有什么，大清早一个人路过，突然就会觉得汗毛倒竖，稍有风吹草动，就以为坟墓里有鬼钻出来了，就算没有风，也会把自己的脚步声听成鬼的动静。所以，一到那片松树林子，我就深吸一口气，以最快的速度冲过去。

过了树林，快憋闷死了，赶紧喘气。一口气还没喘过来，身后响起了脚步声，吓得我撒腿再跑，刚跑出几步，就听到了喊声。我一回头，原来是同班的王委。

王委住在飞行八团家属区，部队子弟，每天上学也要经过这片坟地。我们突然之间像找到了知音，相约每天同行。

从那以后，我每天早上天不亮就摸到他家楼下，给他发各种暗号：拍掌、跺脚、用棍子砸地面……

他接受暗号的方式千篇一律：推开窗口，哎一声。然后，我就能听到他下楼的脚步声。

结伴同行，就不怕鬼了。有时经过坟地，我们会故意谈论鬼怪，甚至弄出各种响动吓唬对方，一个学鬼叫在后面追，一个学鬼哭在前面跑，但我们的心底都是坦然的，最后都会笑成一团。

也许是我们闹得太凶了，鬼都不答应，没过多久，我们就闹别扭了，因为一点儿小摩擦，就闹到互不理会了。过了几天，我细想一下，其实不算个事，再说了，没有他同行，坟地又阴森了。我想找他和解，面对面了，又放不下面子，最后竟然说："等中考完了我们再和好吧，这样对你我都好。"

听起来很有点成大义舍小利的味道，可是，错过了机会，我们就再也没有和好了。这是我一想起来就后悔的事，就算以后我们能在茫茫人海中再次相遇，不计前嫌，但谁来为我们弥补当年的缺憾呢？

33 住　校

初三后半段，学习进入白热化，我家离学校有三里多路，每天跑来跑去，很花费时间，班主任余老师建议我住校。

我们学校根本就没有学生宿舍，只有老师住宅。余老师给我这个建议，是因为我们班新转来一个外地学生宋小云，独占了一间教师宿舍。

宋小云面黑，中等个子，很壮实，很沉默，老实，乍看起来像我的长辈。他很欢迎我和他同住，一张木板床，就让出了一半给我。

我们每天同睡同起，一起去食堂。他告诉我怎么买饭菜票，怎么打饭，让我很快就适应了住校生活。早上的包子馒头，香；中午的饭菜，美。一个大瓷碗堆得满满的，一只手都端不动，别担心，一眨眼，我就会吃个精光。老师们都在一个食堂吃饭，看见我，就问：“学校的饭比家里的好吃吧？”我连连点头称是，发自内心。

宋小云劲头却并不像我这样足，每天都是默默的，一定是被学习压得喘不过气来。

学习压力确实大，上完晚自习，我们还会带上资料回宿舍做。房间里常常乱七八糟的，我看得顺眼，他却不行，一大早起来，默默地收拾。

好多次我都不好意思，想劝他跟我一样习惯乱局。他总是很温和地说："你不用多想，我愿意收拾。你也不欠我什么，你在这里正好给我做伴了。"

我们在一起住的时间不算太久，中考之后，他就回老家了，再无音信。但我一想起那段日子，就觉得欠他的，欠得许多。

34 体　检

望城中小学早些时候有高中部，到我们那一级就取消了。我们中考之后就必须各奔东西，大多数部队子弟都到武汉上高中了，因为当阳飞机场和武汉的王家墩飞机场是一个系统的。农村学生多半都辍学了。

我是唯一考上重点线的。所谓重点线，就是既能上中专，也能上当阳一中。当阳一中是我们县最好的高中，坐落在县城南正街旁，时不时就会有人考上清华北大。张桂馨第二，没上线，最后上了长坂高中。长坂高中的位置比当阳一中要偏远一些。

分数下来之后，就是体检。体检在当阳一中进行，班主任余位义老师全程陪着我，我生平第一次享受到了熊猫级的待遇。

体检包括的项目很多，除了让医生这里摸那里捏之外，还得自己到操场上又跑又跳，一个都不能少。折腾一上午，才搞完了一半，下午得接着折腾。

中午，余老师骑着一辆女式自行车，驮着我拐进当阳一中对面的小巷子，七弯十八拐，最后到了他家。那是一排平房，前面还带院落，有竹子，有自来水池子。师娘正在水池子边洗一大堆衣服，见我们进来，就连忙站起来迎接。屋里马上钻出两个女孩儿，大概都是小学生吧。

我当时小愣了一下。余老师应该年近六旬，浑身上下是一派老教书先生的气味，而师娘看起来也就三十来岁，长得端庄大方。两个女儿也都出落得水灵，像两朵初夏的荷花。一瞬间，我对余老师有了别样的感觉。他教了我们整个初三一年，我一直觉得他是个极有学问、极透彻人生也极古怪的人，而今天，我觉得他应该是个有故事的人。

余老师在家的做派丝毫不比在学校逊色，他把自行车往院落边一放，手一挥，冲师娘发了第一道命令："衣服先放着，赶紧做饭。这孩子吃完饭要休息一下，下午接着体检。"

"这孩子"指的是我。

师娘二话没说，背了背手上的水，转身进了厨房。

两个女儿想出来跟我玩一玩，余老师眼睛一瞪，她们就连忙缩进屋子里去了。

吃完午饭，余老师又下命令了：让两个女儿出去玩，别在家里闹出响动；让师娘先别洗衣服，怕影响我午休；让我在客厅的躺椅上睡一觉，到点他叫我。

我服从命令，在躺椅上躺下。余老师把唯一的落地电扇搬过来，对着我吹，然后，就悄声走开了。

我其实一点睡意也没有。一是兴奋，经过艰苦的初三学习，曾经无数次被老师指责怀疑，自己也心生焦虑失望，最后终于渡过难关，考出了理想的成绩，爹妈高兴，老师满意，自己也觉得有光。因此，我才有机会生平第一次踏进了当阳一中这片圣地。二是新奇，没想过余老师会把我带到他家，会如此厚待我。这里一切都那么陌生，就连风扇吹过来的空气都有一股城里的味道。在这种情况下，要我安然入睡，那还不如要我的命呢。

虽然没有睡着，但也没敢睁眼。闭着眼睛躺了一中午，也算是休息好了，下午体检一切顺利。我记得特别清楚，检查视力，我的两只眼睛好得没法说，视力表都指完了，我还没过完瘾。

体检完毕，还去填了志愿表。说是志愿，其实我完全是稀里糊涂，只记得最后填报的是当阳一中。

35 个头不足

折腾了一整天，满脸容光地回到家，妈正在做晚饭，烟熏火燎的。我凑到灶前，一边帮着往灶口喂柴火，一边眉飞色舞地讲今天体检的过程，讲在余老师家吃的好菜……

妈听着，终于忍不住问：“你报的志愿是什么？”

“当阳一中呀。”

妈正在切菜，突然放下刀，说：“不行。”

我一愣，不知道哪里错了。

“为什么不报师范？”她明显急躁起来，“快，跟我到学校去，得改。”说完，拉着我就往外走。

一天的好心情瞬间就没了，我不敢违拗。妈的心事我大致是知道的：当时我们中考之后，中专有两个方向可报，一是卫校，二是师范。卫校多招女生，分数线也偏高，我的分数好像还差一点。师范就成了不二选择，上了师范，就等于跳出了农门，端上了铁饭碗。还有另一个深层原因——妈当年正是就读师范，因“三年自然灾害”被遣送回家，再也没有返校，成了她一生的心结。

妈拉着我来到望城学校，校长家就在学校，直接找上门。

校长搞清楚我们的来意，笑眯眯地做了详细的解释：师范招生对个头有严格要求，而我的个头不足，根本不能报。

我从小到大，总是班上最矮的那一个，排队站第一，座位也在第一排，偶尔能把我往后调两排，我就暗地里感到自豪。

妈侧头看了看我，这是她的产品呀，怪不得别人。于是，她心不甘情不愿地拉着我往回走。

那时太阳正在下去，我拉着妈的手不敢吭声，只是看着长长的影子。我非常理解妈的心情，她担心我的未来，高中还得熬三年，谁知道三年后是什么结果呢。我却不知天高地厚，信心十足，安慰妈，说：“当阳一中多好呀，比我们望城学校大好几倍呢。你就放心，我一定能考上大学的。”

说出去的话，泼出去的水。我知道一段新的里程又摆在面前，开弓没有回头箭，我只有勇往直前。好在我从小就明白一个道理：无论多艰难的山路，哪怕你光着双脚，哪怕荆棘遍地、茅草成堆，只要你玩命地往前冲，就没有蹚不过去的。

36 英语这条狗

在望城中小学就读的8年（小学只有5年）中，我的成绩一直是拔尖的。小学时，大致在班上前三，陈一兵、武孟宇和我互有胜负。到了初中，我几乎是稳坐全年级第一，只有张桂馨能够紧追我不放，不过，她总是比我差那么一点点。用时下的词儿说，我是学霸，她是千年老二。

可是，就英语一门，我远不如她。这是我的短板，经过痛苦的挣扎，中考我也只得了三十多分。这就是我的正常加幸运的水平了。

回忆当初，学习英语也不能说没有兴趣呀，可能还是输在天赋上。我从生下来第一声哭腔，就带着浓厚的当阳地方音，根深蒂固深入骨髓。如果考当阳话，我应该是可以拿高分的，可惜不考。

等上了学，班上部队的小孩儿都讲普通话，不仅动听，而且更便于表达感情。有一阵子，我很动心，试着学说了几句，有些生硬，刚一出口，就被本土人笑话了，骂我发骚。我连忙打消了学说普通话的念头，一直到后来到东北上大学，才发现自己不会说普通话是多么抓瞎。

当阳话伴随我长大，上了初中，突然遇到了英语，天哪，谁敢张嘴说呀？如果说普通话是发骚，那么说英语就等于发情啦。所以，从遇到英语的第一天起，我就暗下决心，把发音放在心里，用汉字标注出来，而且全是当阳读音。

一个当阳人，学了三年英语，用棍子也撬不开嘴。英语老师不止一次说要多读，找语感。我试过多次，找到的全部是当阳语感。

渐渐地，我活怕了英语，怕读怕写更怕考试。英语在我脑海里就是一条活生生的狗，每考一次，我就感觉被咬了一口，想躲都躲不开，它追着我咬，一直把我追进了当阳一中。

进了高中，稍一打听同学们的英语中考成绩，我就吓成了个帕金森。据说最高的 98 分，大多都在八九十分，七十多分都算差的了。我的个娘呀，那我连个差都算不上。

更可怕的是，开学第一节英语课，老师就大量地用英文讲课了。我瞪着眼睛望着他，又想起了秦军家里的大黑狗。那时上学经过秦军家门前，那条黑狗就追着我们猛咬，来真格的，吓得我们连滚带爬。我一个人根本不敢从秦家门前过，独行时只好绕个大弯。

英语老师不是当阳人，说一口半生不熟的普通话，还没有说英语利索，嘴巴特别大，还有非常夸张的肢体动作。我越看越觉得是秦家那条大黑狗，冲着我直叫。可是，我无处可逃。

逃不了，就硬着头皮上吧。每周一三五英语早自习，不干别的，就死背课文。每天早上五点多起床铃就响了，我们睡眼蒙眬地爬起来，跑到操场上先来一遍广播体操。睡意并没消，再迷迷糊糊地走进教室，展开课本，嗡嗡嗡一片背书声。

第一篇英语课文是*HOW MARX LEARNED FOREIGN LANGUAGES*。这标题，我就觉得眼花缭乱，一早上都在跟它较劲。英语老师显然看出了我一头大汗，过来给我劝架。他先用很标准的英语问了我一句什么，我没听懂，只是仰头望着他。他马上又用很难听的普通话说:“不能死记，要巧取。”

我抹了一把额头的汗，心说:你说的轻巧，有本事你来试试!

他好像看透了我的心思，俯身过来，一股苦楝树的味道跟着压过来，我强忍住了呼吸。他说:“先要理解，然后记忆。再难的东西，习惯了就好了。”

我连连点头，嘴巴闭得紧，因为我实在习惯不了他身上的那种味道。

他满意地走开了，自以为快速教给了我人生的真谛。

为了表明自己已经学到了人生真谛，我大声朗诵:“Karl Marx was born in Germany, and German was his native language……”说来也怪，胆子一大，声音一高，记忆就快了。看来，被吓唬一下，还是有用处的。就像被狗追的时候，你如果能壮着胆子对狗大叫几声，狗也会被吓跑。

37 天龙几部

不要误会，我是很喜欢英语老师的，只是不习惯他身上的气味。我曾经请教过同桌黄爱谱，他是当阳县纺织厂的子弟，见识当然比我多。他一针见血地指出我是文盲，那是香水的味道。

我大吃一惊，还以为那是老师的体味呢。爱谱再一次强调说我是文盲，并很专业地解释说有些香水就是从大粪里面提取的，负负得正，物极必反，所以，香水里散发出一点怪味，也是情理之中的。

撇开香水不谈，英语老师还是很有水平的，经常会教我们一些英语学习的小技巧。比如羽毛球这个单词 badminton，根据发音，就理解为当阳话：掰他们一顿。掰，就是骗、戏弄的意思。打羽毛球就是要骗对方嘛。经他这么一说，这个单词马上记住了，而且不会忘记。

20 世纪 80 年代末期，在整个县城里，我们的英语老师算是很时髦的。他常常穿着一件西服，进了教室就扯起衣角，问我们怎么样。我们都说没扣扣子。他笑着指点我们，说:“西服哪能扣扣子？看来，你们的英语水平还差得远呀。给我背课文。”

他的话虽然是笑着说，但我们都是当真的，顿时唉声叹气，责怪自己:没事讨论他的西服干什么。

其实也不能怪我们，他总能把任何话题都引到背课文上去，哪怕毫无逻辑。因为他的名言就是:多读多背找语感。

他这话细想起来也对。有时候，我们问他一些完形填空，为什么选择这个而不是那个。他如果说不出理由，就马上把我们引到他的名言上来。

从他的谈吐来看，我估计他的中文水平应该是很差的，可是，有一次，他竟然也会咬文嚼字了。

那是一个闷热的下午，他在唾沫横飞地讲着语法，大家都昏昏欲睡。我们班的学习标兵李春笋却精神抖擞，坐得笔直。英语老师好奇地走过去一看，抓了个现行——春笋在偷看小说。

老师如获至宝，抓起小说转身就把英语书放到了讲台上，很认真地翻看小说，前看看后瞅瞅，像在挑剔书本的设计风格。好一会儿，他好像发现了新大陆，又快步走到春笋跟前，说:“你还藏着几本，一起交出来吧。”

春笋站起来，让老师搜，并不停地保证，就这一本。

老师在抽屉里翻了两下，没有收获，就很奇怪地扬着手里的书，说：“明明说的是天龙八部，那一定还有另外七部……”

哄——全班都笑翻了。

老师也笑着把书还给了春笋，然后，大家都清醒了，上课也来劲了。

我们的英语老师就是这样，从来没有跟学生真正生过气。我怀疑他是英语学多了，就沾上了英国绅士的气息。

在他的威逼利诱软硬兼施之下，我的英语也像蜗牛顺着坡慢慢往上爬，一直到高考，得了75分。虽然最终没有成为我的强项，但作为短板，也不算太短了。我打心眼儿里感激我的英语老师。

38 带响的皮鞋

进当阳一中是 1984 年，那年头，穿皮鞋是很稀奇的，穿带响的皮鞋更是难得一见。偏偏我就见到了，谁？正是我们的班主任季彬。

季老师刚毕业于宜昌师专不久，目测应该比我们大不了多少，教我们数学，从高一到高三。他约莫一米七五的个子，清瘦挺拔，面白唇红，脸上一副度数不低的黑框近视眼镜，仍挡不住他的英俊。他常穿一件军绿色上装，裤子笔挺，就在那一丝不苟的裤脚下边，永远是一双窄瘦闪亮的皮鞋，钉着白亮的铁鞋掌，每走一步都是脆生生响。

晚自习，教室里乱哄哄的，这时，走廊尽头传来叮当叮当的脚步声。不用谁提醒，大家都知道是季老师来了，马上安静下来，连喘气都不敢发出声音了。

几个回合之后，季老师显然不相信他教的学生会有如此严明的纪律，于是，改变巡查的策略。他大老远就把脚踮起来，用前脚掌着地，这样，就有效地消除了提示音。来到窗口，他不着急进教室，而是静静地站一会儿，观察教室里的情形。

此刻的教室当然与前几次大不一样，讲话的、嬉闹的随处可见，虽没有菜市场的繁荣，但也足以让各路英雄尽显本色了。

等一切尽在掌握之后，他就大踏步走进教室。同学们听到皮鞋的响声，季老师已经站在面前了。于是，教室瞬间转入静音模式。

季老师并不批评谁谁讲话了、谁谁打闹了。他只是迈着稳当的步子在教室里慢慢走一圈，偶尔在某某旁边停下来，某某马上身体笔直，浑身发痒，一切尽在不言中了。

季老师的老道成熟确实超出真实年龄，讲课认真，极少言笑。好些同学都很怕他，不敢跟他面对面，不敢跟他说话。

我倒没觉得他有什么可怕的，暗暗地，我总是很喜欢他的一举一动，哪怕是他暗中监视我们的样子，我也觉得很有趣。因为我相信他的严肃都是伪装——那时，他正在谈恋爱，如果总是这么严肃，怎么可能讨女孩子喜欢呢？

我不怎么怕他，主要还是因为另一件事。上了高中，我就住校了，每个周末回家一次。有一个周末回家，正赶上家里晒花生，太阳落山的时候，就把花生装进一个个大麻袋。我独自抱住一麻袋花生，准备一使劲，起身进屋，可是，没有成功。我突然感觉后腰一阵钻心疼痛，连忙放下麻袋，一边歇着去了。

这事也没太在意，回到学校，腰一直疼，有时候上课都坐不住。但这事季老师并不知道。

下午最后一节课，他突然走进教室，宣布全校大扫除，然后，指出了分组包干区，转身离开了。

同学们都纷纷抄家伙走出了教室。我也跟着小组一起来到花坛边，本来想硬撑着做些力所能及的事，可是，一弯腰后背就疼得钻心。我看了一眼不远处正在指挥同学们扫除的季老师，决定过去跟他请假。如果他不同意，我就跟他吵。我是真疼呀，怕什么？

我已经憋足了一肚子气，直着腰身走到他面前，说腰疼，要请假。然后，我就做好了吵架的准备。

他把目光收回来，看了我一眼，竟然一口答应了。我憋着气，回到寝室，平躺在床上，感觉后腰舒服了一些，才长长地吐出那口气。不知为什么，眼泪也顺着两边滑下来。

不久之后的一天，我幺舅在县城做泥瓦匠，从楼上摔下来，腿骨折了。幺舅只比我大一岁，从小一起玩，只要闹了起来，外婆总是训他。他其实一直对我很好，处处让着我。有一次，我在他家过夜，跟他睡在一起。半夜感觉他的一条腿压在我身上，重重的，我就用力推，可是，怎么推也推不动。他照样鼾声如雷，无法醒来。我一急之下就大哭起来，一下就惊动了外婆。外婆跑进来一看，不分青红皂白，两巴掌就打在幺舅的屁股上。幺舅惊醒，一脸的糊涂，望着我，不知道发生了什么事。我却委屈得不行，吵着非要回家。后来还是他千拉万扯，才把我劝回到床上。

那都是小时候的事了，现在一听幺舅骨折，我觉得比自己骨折还疼，连忙跑去跟季老师请假。季老师只看了我一眼，竟然又二话没说就答应了。

幺舅没有进县医院，而是在一个街边私人门诊，一个老中医已经给他打上了石膏。我站在床边跟他说了几句贴心的话，就准备赶回学校上课，刚走到门口，僵住了。因为我的腰又突然别住了，钻心疼。

老中医问我怎么回事。我就讲了一下搬花生的事。他让我趴在旁边一张硬板床上，然后用一双骨感的手不停地在我的腰间摸着，边摸边问这里疼不疼那里疼不疼。我正如实地答着，突然感到腰部重重地挨了几下，疼得我差点背过气去。

老中医却笑了笑，说："好了，起来吧。"

我将信将疑，爬起来，轻轻扭动一下腰——咦，真的不怎么疼了。

老中医告诉我，是腰椎错位，如果不及时归位，这辈子就残了。

我惊出一身冷汗，心里却涌出暖意。我立即表示要给钱，老中医拍了拍我的肩膀，说："学生娃，哪儿来的钱？赶紧回去上课吧！"

回到学校，我一直琢磨着怎样告诉季老师，我的腰好了。因为我心里对他充满了感激。机会终于来了，晚自习，他来教室转悠，转到我旁边，我突然站起来，小声说："季老师，我的腰好了。"

他一愣，看了我一眼，好像完全听不懂我在说什么，然后，礼节性地点了点头，又转走了。

望着他的背影，我真糊涂了。我向他请假说腰疼，他到底相信了没有？相信了——刚才为什么会是那种表情；没信——他为什么又会爽快地准假呢？

也许正是他这种高深莫测，让同学们对他畏惧三分。

39 抢 饭

早自习我们真的很认真很投入，一三五英语，二四六语文。但这并不是说我们就不挂念别的事情。事实上，我们每个人脑袋里都长着一根天线，严密搜索着教室外面的动静。

高一的时候，我们的教室在东边一层，一侧头就能看到校园中央一棵大树上悬挂的铁块。那可不是一块普通的铁呀，只要它发一声响，千军万马都得听令。我们常常就是眼睁睁地看着一个老头儿倒背着手，走过去，抄起一根短铁棍。然后，我们在心里读秒——三、二、一，当！

顿时，教学楼响起了滚雷般的脚步声。同学们像泄洪的堤坝开了闸门，哗地冲出教室，从各个方向直奔食堂。我说的是同学们，其中就包括无数巾帼英雄，她们冲刺的速度丝毫不输给男生。

也许是饿了一夜，大家就特别渴望早餐。早自习还在倒计时，桌面上就会有收书本的响动，抽屉里就会有抄家伙的响动，碗勺相撞，虽然极轻极小心翼翼，但意图极明显。每每此刻，明智的老师就会提前离开教室，在山洪暴发之前消失得无影无踪。

当然，也有老师想较量一下，故意站在教室门口不动。结果是，他只能成为一根中流砥柱，同学们则像潮水一般冲刷过去。

因为早自习没有数学，所以，季老师没有充当中流砥柱的尴尬。但这并不是说他就完全与抢饭无关。有一次班会，他专门就抢饭一事拿出来讨论。

他说，每天下早自习的时候也正是他去打开水的时候，从教工宿舍去开水房必须经过食堂前面的篮球场。这时，学生们像受了惊的野牛一样直冲过来，他吓得高举着开水瓶站在原地一动不动，一直等到牛群过去，他才能继续前进。

讲完这些，他一脸委屈地望着我们，用商量的语气说，食堂的稀饭馒头是管够的，早去晚去都一样，你们能不能脚步慢一些（不能）？还有女生，能不能不跟男生比速度，淑女一些（不能）？要怕排长队，干脆多自习一下，晚点去，人就少了，行不行（不行）？

同学们都吃惊地望着他，答案已经明摆在脸上了。主题班会自然是没有达到目的。

不听老师言，吃亏在眼前。

冬天夜长昼短，下早自习的时候，天才蒙蒙亮。学习委员张建华脑袋瓜子就是高人一等，发现了另一条抢饭路径，从教室后面穿过去，就不跟同学们在一条道上冲撞了。这条新道要经过女生宿舍门口，女生都比男生勤快，在楼下的树干之间拉了许多绳，晒衣晾被。学委张建华因为不太熟悉新路线上的新情况，手抓着铁饭碗，只顾埋头狂奔，不想一根晒衣绳拦住去路，狠狠地勒了一下。

他倒地之后，又迅速地爬起来捡起铁饭碗，继续向前冲，没有耽误抢饭。

跟着他跑的几个同学当时都以为没事，事后才明白有多危险。幸亏那根绳子高了那么一点点，那一勒在双眼的上方一点点留下了一道浓重的血杠，猛一看，就像是孙悟空的紧箍咒往下垮了一点点。

之后的几天，他就戴着松垮的紧箍咒观察动静。铃声一响，他仍然是那么一刻不差地起跑，冲出教室，直奔食堂，决不抢跑，也不迟跑。唉，难怪他能当学习委员呢！

40 寝室歌星

上了高中，我才算是正式住校了。除了家住城关的几个同学外，其余的全都住校。给我总的印象就是，再优秀的学生，集中到一起，就跟猪猡差不多了。

想当年，我在望城中小学，鹤立鸡群一枝独秀，那时也住过校，就算跟宋小云挤一个被窝，极不正规，也算干干净净，安安静静。现在倒好，全县优秀的学生都赶到了这一栋大楼里，吃饭要抢，上厕所也要抢，洗澡就更别提了。水龙头不够用，好多学生都用水桶打水到寝室门口冲洗，好家伙，一时间，走廊成了水帘洞，楼下的经常被浇一头脏水，还没处撒气。

我们一个寝室住了十二个人，上下铺，铁床。跟我最要好的是张道伟，因为他很善。一个人的善是很难一言说清的，只能靠感觉。

张道伟家在草埠湖，离县城应该有三十多里吧。据说那里的人都爱打篮球，他也是，篮球打得好，弹跳相当出众，能和我们班田径运动员杨勤一决高下。记得有一次，他们俩在走廊里比赛原地摸高，张道伟好像还略胜一筹。

他将近一米八的个子，加上出众的身体素质，无论是疯打，还是运动中的合理冲撞，谁想占他的便宜，难。但他绝没有一丝凌人之气，这个，我最清楚。

我在班上是最矮的，鼎盛时期也没超过一米六。平时，我和张道伟走得很近，难免会有疯疯打打，简单说，我从没感觉到被欺负，甚至没有感觉到占了下风。而我和其他同学疯打，就经常吃亏。我和刘威用霍家拳和迷宗拳比武，胸口会疼几天；我和刘勇比试鹰爪功，手臂上会留下道道血痕。

张道伟学习好，身体好，另外还有一大特点，爱唱歌。他嘴角冷不防就会蹦出几句老掉牙的歌，但听起来又是那么有味道。这倒不是说他真的具备了歌唱家的天赋，唱得有多好，事实上，他唱的基本都不在调上，但整体听起来又大致不离，所以，只要稍作校正，跟着他还是能学会一些歌的。

我印象最深的就是他唱《卖花姑娘》，总是在睡觉前往上铺爬的时候唱，好像爬上去就能找到卖花姑娘似的。他唱这首歌的最大特点是，不用换气，一直唱到底。他每次唱的时候，梁小平就会笑话他，说他这样唱会把卖花姑娘憋死的。他就说："憋死了好呀，正好可以做人工呼吸。"于是，笑声四起。他总是满不在乎，又能幽默地化解。

有时候，寝室里过于沉闷，梁小平就会跳起来说："寝室歌星，唱一个！"大家也跟着起哄。张道伟这时也不含糊，站在上铺，顶着天花板，放开嗓子唱。

张道伟在男生面前游刃有余，但一见女生就没词了。以我的直觉，他是很喜欢乔劲松的。

乔劲松小巧玲珑，同学们都称她小乔。我觉得她的美丽确实比得上江东的二乔。她不仅人漂亮，性格也好。我是很希望张道伟能主动向她表达心意的。

可是，张道伟半个字也没敢说，直到我大学毕业，再次在武汉见到小乔，人家已经嫁作人妇了，唉！

41 迪斯科冲击波

任芙蓉是我们班一颗耀眼的明星，刚一入学，她就引起了全校的广泛议论。她浑身上下透出一股天生的文艺气质，走路带弹性，说话带转弯音，笑声更是开路先锋，比王熙凤还胜一筹。

她中等个子，微胖，穿衣总是刚刚包裹住腰身，不知是衣服小了一号，还是肉多了一层。她长着一副鹅蛋脸，白净漂亮，眼睛又大又黑，水灵。更夸张的是她的头发，要么扎成一个大尾巴，在脑后大摇大摆，要么就梳成小辫，在头顶弯曲盘踞。

只要她经过，外班男生有意无意，总会驻足观望。更有些外班男生会向我们打听她的详情，是哪儿的人，喜欢吃什么，等等，大有准备下手之势。

不过，很快就有风传出来了，说她根本瞧不上这些小男生，太嫩。她跟我们的班主任季老师好上了。

这可吓倒了一批男生。不过，以我的判断，这是不可能的事。季老师何等人？他就是专门负责看管我们的，其中有一项重要任务就是，监视我们，不准谈恋爱。

果然不出我所料，没过多久，传言不攻自破。季老师正式恋爱了，对象是当阳师范的一位老师，长得标致。我在校园里见过，两人可谓绝配。

但接下来有一段日子，任芙蓉一反常态，情绪极其低落：走路无精打采，说话有气无力，没了笑声，头发也不打理了……

看来，传言并非只是谣言。

不过，任芙蓉毕竟天性开朗，很快就恢复原状。她不仅不避季老师，见了面还迎着上，大言大语，全班好像就她敢跟季老师平起平坐。

五四青年节，学校要搞一场大型的文艺表演，每个班必须出一个节目。季老师正为这事着急，任芙蓉自告奋勇，报了一个独舞。

我们都不太在意她是一个什么样的独舞，反正有个节目上演，就算我们班完成任务了。可是，到了演出那天，她的表演把全校都掀翻了。

她穿着一件紧身的白衬衣，衣领站着，最上面两颗扣子没扣，在脖颈前胸呈 V 字，袖口也向外张着，一个大马尾巴蓬松地披在身后，一条黑色的大喇叭裤被屁股和大腿绷得紧紧的，裤脚像两把大扫帚……她在舞台上手一伸，脚一滑，一个亮相。全场都惊呆了。

接下来，音乐响起，是《酒干倘卖无》。这首歌正在大街小巷爆红，每个人都在传唱，就算最没有音乐细胞的人也能哼上个一句半调的。

任芙蓉就随着那明快而有力的节奏，跳起了独舞——天哪，是迪斯科！

台下立即沸腾了，全体起立，跟着节奏鼓掌、高唱、跳动……

事隔多年，我仍然可以肯定，那是我看到的最难忘的演出。

谁也没有想到，这一下触怒了校长，说这是歪风邪气，伤风败俗，等等。废话少说，演出刚刚结束，任芙蓉就直接得到了记大过处分，在全校张贴海报，以正视听。

季老师也难以幸免，那段时间焦头烂额。

好在那一学期很快过去了，随着学期结束，一切就可以告一段落了。

进入高二，分科了，我们一班是理科，六班是文科。任芙蓉到了文科班，从此就极少见面了，偶尔在校园碰到，也是仰面而过。

高考前要进行一次预考，预考之后，要淘汰一批学生。就是说，哪怕是当阳一中的学生，也不是人人都能参加高考的。据说任芙蓉就在淘汰之列。被挡在高考门外的滋味我是能够体会的，我们班也有几位，当他们抱着桌上的书本离开时，我真的是心如刀绞。

最后一次见到任芙蓉，是在高考之后。我们骑自行车到草埠湖去玩，经过胡场街上，碰巧遇到了她。我们打了招呼，说了几句不疼不痒的话，就过去了。

那时的她，已经不像学生的模样了，也没有了文艺气质。同行的灵通人士说，她已经嫁人了。我着实吓了一跳。

现在，我在看《星光大道》这类选秀节目时，常常就会想起她，唉，那时要有这些节目，她也许就是一颗耀眼的明星了。

42 中考状元

中考之后，我是望城中学的佼佼者，唯一考入当阳一中的，心中确实美了一阵。可一进当阳一中，才知道自己根本算不了什么。

就拿我们一班来说吧，一入校排名，我都快到二十了。那感觉就像掉进水里淹了头顶还不会游泳，更呛人的是，当阳县中考状元就在我们班，大名陈新华。

值得庆幸的是，陈新华也是个矮个子男生，站起来跟我一般高。我要悄悄踮一下脚后跟，就能压住他一眉毛了。

可气势上我压不住他，他往那里一坐，一米八的大个也得低头。因为他不仅精通数理化语政英，而且还伶牙俐齿表情丰富，无论大家在争论什么问题，只要看见他微微一笑，就知道大家都错了。

那一阵子，我确实把他视为天人，佩服得五体投地，只要遇到难题，久攻不下，就会想到他。过去一请教，准能满意而归。

高中三年是一段高强度的竞争，稍不注意，弦就会绷断。

陈新华一直是领跑者，可能就是弦绷得太紧了，到了高二，嘭的一下，断了。那阵子，他病了，嘴角红肿溃烂，看人时不得不张着嘴。虽然眼神还是那么深奥，但一细看，就能察觉一丝空洞。

经过一段时间治疗，外表的病好了，可脑子出问题了。他整夜睡不着觉，大把大把吃药也不管用。后来，他做出一个决定，从一班调到六班，去学文科。也许理科是要费脑筋些吧，但愿他到了文科班，能够调整好状态，重整旗鼓。

因为不在一个班，接触就少了。我听说他的脑袋慢慢稳定下来了，不禁长长松了一口气。毕竟，他是何等聪明的人呀，怎么能被一点精神问题搞垮呢？

可事实并没有我想的那么乐观，高考结束，他只考了宜昌财校，是个地区中专。

说来也不奇怪，那届高考，我们班真是莫名其妙，平日叱咤风云的李春笋、张建华、张道伟等都纷纷落马。按正常水平，他们应该都是上重点大学的料，可是最终，李春笋只上了个建筑专科学校，张建华上了宜昌医专，张道伟更恐怖，直接落榜了。倒是我这个中不溜的最后压着边边上了个本科。

陈新华毕业分回了当阳财政局，很快就结婚了。我去参加了他的婚礼，一睹新娘容颜，非常漂亮。据说陈新华逛商场的时候，一眼就看中了，伸手就搞定了。我不禁暗挑大指，他不愧为我们当年的状元，气概不凡。

又过了些年，回老家时和同学聚会，聊天中得知陈新华现在国税局，局长正是我们班当年的田径运动员杨勤。酒过三巡，我问杨勤，陈新华为什么不来。杨勤笑而不答。我也不好再问了。

43 雄风诗社

我对记叙文一直情有独钟，可是，到了高中，全是议论文，我只能疲于应付，完全显不出半点优势。

高二的时候，我们换来一位年轻傲气的语文老师，他讲课总是背着手仰着脸，小视天下的样子。有一次，他突然布置了一道记叙文，题为“校园纪事”。到了讲评作文的时候，他大发雷霆，说：“看看你们的记叙文水平，都什么玩意儿？没一个能及格！”

全班都把头低下，等着他发作文本。他就叫一个上来一个，果然都不及格。等叫到我的时候，他说：“黄春华 85 分，噢，幸好还有这样一颗种子。”唰，全班同学的头都侧过来，对准我。说实在的，自从进入高中，我一直是个平凡之辈，这是我头一次领受同学们那样的目光。

后来有一次，全县语文竞赛在我们学校进行，每个班限一名选手参赛，其他班挑选的都是学习尖子。语文老师找到我，说让我去试试。天哪，我这种平凡之辈竟然有机会参加竞赛，心情自然是相当复杂。

上了考场才发现，和平时的语文考试不太一样，只有两道题：第一道是一篇古文分析；第二道就是一篇作文《雨，沙沙沙》。好嘛，又是一篇记叙文。

时间很紧，不容多想，埋头写完就出了考场。外班的几个尖子生边走边谈论着考试题，笑声朗朗，胸有成竹。我涨红着脸，跟在一边，一句话也插不上。

等成绩下来，很出乎意料——我是第一。那一刻，我只是赞叹，我的语文老师真有眼光。

那时，我并没觉得自己有什么不同，只是用稚嫩的目光搜寻着自己喜爱的作家。我最爱三毛，其次还有席慕蓉、汪国真、琼瑶……我有个专门的摘抄本，抄过许多我钟爱的句子。有汪国真的诗、席慕蓉的散文片段，还有三毛的一句“秋天的落叶似舞倦了的蝴蝶”，让我怦然心动，至今不忘。

老师办公楼下面的报栏里，每天都会更换当天的报纸，上面正在连载琼瑶的《心有千千结》。我总会偷偷摸过去，把每天的连载看完。

一个周日的下午，我从家里返校，正好有空就到县城新华书店逛逛，一眼就看到了三本一套《红楼梦》，共 15 块。那时，我一个月的菜票大概是 5 块，但我心跳得厉害，决心要买。因为我小时候就看过《红楼梦》的电影，心里一直惦记着。

我马上回家去要钱，把爹妈吓了一跳，以为出了什么大事。他们搞清楚我的意思，竟然没有阻止，而是把床下面的全部家底都掏出来，凑足了 15 块。

当天赶回县城，天已经黑了，新华书店关门了。第二天中午，我趁课休跑去，却发现只剩两本了，另一本被买走了。我一下释然了，既然不全，就不买了，正好节省了 15 块，我三个月的伙食费呢。

大概在离高考还有不到一个月的时候，雄风诗社在当阳县图书馆成立。图书馆就在我们学校隔壁。我找同学借了一双带响的皮鞋，码子大了些，没关系，派头在那摆着嘛。那是一个周末，我让同桌帮我打掩护，从自习课上溜出来，直奔会场。

会场在图书馆的二楼，不大的场子挤满了来自四面八方的文人，都站着说话，认识不认识的都很亲热。我跟一个来自慈化的女诗人和一个来自官当的男诗人聊上了，他们都应该在三十岁开外，比我老练成熟，而且还写过不少诗，甚至发表过呢。他们问我为什么来，我答不上来，因为我既没写更没发，最后只有说喜欢。他们反而夸赞我，说喜欢比什么都重要。我完全听不懂。等知道我还是在读的高三学生，他们就更加对我另眼相看了，说我将来必成大器……

我正有点扬扬得意，突然就听到身后响起一阵皮鞋声，那么熟悉——不可能吧？我回头一看——天哪，正是他，班主任季老师一脸匆忙地上楼来了。我还没来得及跟两位诗友告别，就被季老师揪出了会场，像押犯人一样往学校走。他能如此精准地打击目标，不用问，肯定是我同桌的功劳。

我没有埋怨季老师，事隔多年，我一直对他心存感激。我只是有一点小挂念：不知那两位诗人现在是不是还在写诗。

44 打 架

打架，应该是青春期的必修课。虽然有些人并不一定亲自参战，但一定目睹过，就在鼻子底下。

我经常跟同桌比比画画，打打闹闹，虽然有时还声称什么霍家拳迷宗拳，但都只算是小打小闹，够不上“打架”二字。

真正打架得目标明确，气势十足，以沉重打击对手为目的，虽不一定是生死之战，但一定要决出雌雄。

记得我们同班同学之间有过这样一战：王春成和杨勤。

王春成是高三时转入我们班的复读生，个头跟杨勤差不多，约莫一米七五，很壮，戴深度近视眼镜，黑框。也许是复读的原因吧，功课相对轻松，他就有空抬头四处打量，一眼就看中了大美女王林。

王林个子高挑，身材匀称，说一口标准的普通话，就算戴着近视眼镜，也遮挡不住她的美丽容颜。但遗憾的是，在王春成进到我们班之前，王林就心有所属了，不是别人，正是田径王子杨勤。

对于恋爱，我虽然一直比较懵懂，但在一个早上，也看出了一些端倪。

那天快下早自习的时候，杨勤训练完毕，回到教室。快到自己座位时，不知是脚下打绊，还是头脑发晕，身子向前一扑，摔倒在地。这可吓坏了旁边的王林，她刚起身准备扶，杨勤却爬了起来，低着头快步出了教室。王林没有犹豫，也一路跟了出去。

我当时盯了张道伟一眼，因为他跟杨勤同桌，护送安慰的事应该是他来做才对呀。张道伟自然明白我的眼神，只回了一笑，没有说什么。原来，他早就知道这个小秘密了。

王春成也知道这秘密，不过，他不是一笑，而是约杨勤出来会会。杨勤何等人，当然不怯，慨然应战。

于是，在一个晚自习的间隙，两个相约教学楼顶头的一片开阔地，班上一群好事的男生旁观。架势拉圆，我以为会是一场恶战，两人都身强力壮，如两头蛮牛，一旦相撞，楼塌半边也未可知。

可双方一出手，情形完全出乎意料。杨勤进如闪电退如急风，王春成没反应过来，眼镜就不知飞到哪里去了。王春成满地找眼镜，杨勤并不乘人之危慌着进攻，而是等王戴好眼镜。王挨了几拳头，恼羞成怒，追过来举拳就打。杨步步闪开，王拳拳落空。杨在退闪之际，只一伸手，王又挨了几拳……如此这般，完全没有了观赏性。

我们不能眼睁睁看着王无休止地挨打，就上前阻挡。杨本来就不想战，顺势退出。王一边抹着鼻血，一边大骂："有本事，你别跑呀！"

我暗暗担心：别把杨勤骂回来了，那时，你流血的可就不止是鼻子了。

可能是我爱操心，活该后来殃及自身。

王军是我们班转来的又一个复读生，中等个子，老练成熟，一身哥哥味。不知是不是他的哥哥味在外面惹了事，也不知跟别人到底结了多大的仇，反正有个高二年级的胖子叫嚣着冲进了我们宿舍。当时王军不在，胖子就甩下狠话走了。

王军回来的时候，手里捏着一把尖刀，闪亮。熄灯之前，他把刀放在了枕头下面。我睡在王军上铺，一进门靠右手。那一夜，我听见下铺不时就传来轻微的动静。

第二天下晚自习，王军又没回来。我洗完脚爬上床刚躺下，一个黑影闯进来，对着我的面门一阵狂扇。等我惊醒，缩进被子，已经意识到眼睛受伤不轻，疼痛难忍。

同宿舍的也反应过来，一阵吵嚷，跑了凶手。大家告诉我，就是那个死胖子。不用问，他打错了人。倒霉，就是躺在床上也挨打。

死胖子下手狠，往死里打。我的脸很快就肿胀起来，眼睛充血，视线模糊。

第二天一早，吃完早饭，我正往教室走，死胖子快步迎了上来。我正找他不着，这回非讨个是非。

还没等我开口，他就连连道歉，说是专门来带我上医院的。好嘛，我还能说什么，跟着他往校外医院就诊。医生一通清理治疗，上了药也开了药，最后让我回去静养。

死胖子一直把我送到教室门口，说有什么不舒服，还找他。

去，还找你？那才叫我不舒服呢！

后来，王军到底怎么了结的这事，我也不知道。也许是死胖子误伤了我，就再也没有找麻烦了？如果是这样，我这顿打也算没白挨呀！

45 生日蛋

我们家三个孩子，每一个孩子过生日，妈就会煮一碗荷包蛋，由小寿星独享。年年如此。

那年头，鸡蛋是极奢侈的。自家养鸡，下的蛋自家从来不舍得吃，大抵有两个用途：一是待客；二是卖钱。

我的生日按农历算，是四月初八，和花木兰同一天。我觉得太难记，正好有一年和阳历五月四日相近，就干脆改为青年节这天了。妈没有反对，但她还是认农历那天。

上高中以后就住校了，正常是每周回家一次。到了高三，渐近高考，学习已经日夜不分，回家次数明显减少，到最后几个月，几乎就不回家了。

我正学得天昏地暗之时，有人说我妈找我来了。我将信将疑，因为上高中以后，我妈好像没到学校来过。有什么大事吗？

我慌忙跑出教室，果然看见妈站在一棵大树下，手里提着一个包袱。太阳正大，浓密的树影罩住了她。我三步两步抢过去，问："您怎么了？"

妈笑而不答，打开包袱，露出一个大碗，上面还倒扣着一个碗。她让我揭开。

我伸手一揭，就看到了满满一碗饭菜，最上面铺盖着一张大大的韭菜煎鸡蛋。我轻轻"呀"了一声，才猛然想起，那天正是我的生日。

我的心像鸡蛋一样铺展开来，我记得清清楚楚，我对妈说了这样的话："我的生日也是母难日呢！"

妈满足地笑了，满心欢喜地看着我。仔细想，那时，妈还年轻，应该是我现在这么大。而那时的我正在长大，却又是那么依恋着她。每一次回忆定格在这里，我都会热泪盈眶。

从小到大，唯一一次，我没有独享我的生日蛋，而是拿回宿舍，和同学们分享。其实，我分享的不只是煎鸡蛋，我是想告诉大家，我妈有多么爱我！一个人真的是因为被爱才感到骄傲！而我又把这份爱传递给大家，由此得到了满足。

46 关灯以后

每天晚上，宿舍楼统一关灯。这时，离我们下晚自习大约半小时，当然有许多人还没有把自己搞干净，楼里也就不可能马上安静。

主值日老师就会打着个手电筒，在楼前喊：“一楼的，把蜡烛熄掉。”“二楼的，不要冲澡了。”“三楼的，还在开演唱会吗？”……

除了主值日老师，每个班的班主任也会到各自学生宿舍门口监督。目的只有一个，让学生瞬间入睡。但这是根本不可能的。

我们的季老师有绝招。他总是不声不响地站在我们宿舍门口，大概要坚持那么五六分钟，把里面的声音都听清楚了，才突然咳嗽一声。于是，我们吓得都禁声了，竖起耳朵，听着他的脚步慢慢向旁边去，再渐渐远去。

大家长长出一口气，开始干自己的事。每个人的方向不一样：有的捂在被子里，打着手电看物理；有的看小说；有的听收音机……

巡夜的老师走了，收音机当然不能独享，就放出被窝，让大家听。记得收音机是张建华的，其实也是大家的，声音一放开，每个人都能享受。

也没什么特别好听的，如果正巧放一首歌，那么就算是一道大餐了。多半时候是一些絮絮叨叨的节目，我们都能听得妙趣横生。里面说一句什么话，马上就有人跟着学说，有的模仿得特别相近，会引起一片喝彩。有的学说的味道完全不同，会引起一片哄笑。

这种时间也不会太长，张建华是一个很自律的人，一般控制在一刻钟以内。所以，我们都称这段时间为黄金一刻。

除了晚上的黄金一刻，中午我们也尽享了收音机的福利，主要是每周一歌和长篇连播。那时的歌手好像极珍贵，每周只让一位出来反复地唱一首歌。所以，我们每一首歌基本都能学个八九不离十。

长篇连播更是让我们迷恋。我记得断断续续地听过《穆斯林的葬礼》《平凡的世界》《超越贡嘎岭》……

常言道，再狡猾的狐狸也没有猎人精。就有这么一个晚上，猎人出现了。他首先一声不响地潜伏在我们宿舍门口。这一招我们早就料到了，于是，假装睡着了。不一会儿，猎人就向旁边走去，再向远处走去。我们听得一清二楚。

永远不要相信自己的耳朵。我们以为安全，张建华把收音机打开，黄金一刻照常进行。宿舍门突然被推开了，猎人闯了进来。从黑影的形态上，我们当然一眼就能认出，他就是季老师。

季老师伸手要没收张建华的收音机。张建华不肯，捂在怀里，说:“不听了，以后不听了。”两人僵持在黑暗中。

我们竟然没有一个人站出来帮张建华。那一刻，我真的觉得大家都很可耻。

“先给我替你保管，高考完了再给你。”季老师打破僵局。

张建华似乎也没有坚持的勇气了，只好把收音机交出。

高考之后，大家好像都忘了收音机。我却惦记着，以我的观察，季老师没有再还回来。

47 调座位

高考之前，进行了一次预考。考完之后，每个班要排名，末尾要淘汰一批，没有资格参加高考。

班上有一个又黑又胖的女生，我们男生背后叫她黑皮。黑皮是从农村考上来的，应该说也是来之不易。可她性格总是咋咋呼呼，说话声音大，还爱左顾右盼，生怕没人注意她。这种人都是很不讨人喜欢的。男生们平时总爱学着她的样子取取乐。

预考之后，黑皮就在淘汰之列。她进教室搬书的时候，好像是头一次闭上了嘴巴，低着头。我突然觉得特别后悔，真不该跟着大家一起取笑她。虽然是背地里，我也觉得是罪过。

一天下午，季老师走进教室，宣布全班到师范高考体检。出发之前，他决定重新调一次座位：一批同学淘汰回家了，教室里的座位就空出来了。预考成绩排前 15 名的，从第一排开始，每人单独一个座位。15 名以后的，往后排，两人一个座位。

我是前 15 名，按顺序调到了第一排最右边靠墙的位置。

我把书都搬过去，坐下来一望黑板，发现不对劲：太斜了，黑板反光，有些地方根本看不清楚。

于是，我马上提出来，不坐这里。我说，我愿意调到后面去，两个人同桌。

当时，教室里乱哄哄的，季老师忙得满头大汗，就冲我摆手，说："你先坐下，以后再说。"

我认为他这是一句推辞的话，就喊："不行，现在就调。"

他有些急，说："你想怎么样？"

我更急，直接拍了桌子，说："我告诉你，如果我下面体检，心脏有什么问题，就找你算账！"

季老师愣了一下，马上帮我调了。他不仅没有当场与我较真，而且事后根本没介意我的态度，对我依然很好。每每想起此事，我就打心底里佩服季老师。后来，他当了校长，又当了教育局长，之后又上升到更高的位置。我是由衷为他高兴，这样一个人，应该有更好的回报。

48 两次车祸

上当阳一中之后，我出过两次车祸。

一次是星期天上午回家。姐姐在长坂坡做裁缝，骑了一辆二八载重自行车，每天早上来，晚上回。我就去找她借自行车，中午回家一趟。

长坂坡是个很长的坡，自行车太高，我个矮腿短，总有点控制不住。就在坡快冲完的时候，突然，一辆大卡车拐弯过来，我刹不住，直接撞了上去。

乖乖，我感觉整个人一下就钻进了车下面，瞬间之后，发现自己还没完蛋。我爬出来，浑身乱抖，快站不住了。旁边的人帮我把自行车拖出来，前轮已经轧瘪了，三角架也弯进来了。我的人只擦破了一点皮，这真是不可想象。围观的人啧啧叹道：“神仙保佑！”

我咬牙用一个后轮子把自行车推回家。爹没有责怪，只说人没事就好。妈追问，好好的，怎么会出事呢？

我想了想，回忆起来了。我当时确实开小差了：和我一起冲下坡的还有一位美女，她到底长什么样，我也记不得了，只记得座板长长的头子从她两腿间高高地翘起来，那样子太怪了，我忍不住多看了两眼……

爹妈听了都笑起来，他们一定在心里骂：活该你小子出事！

另一次是我的饭票吃完了，得回家驮大米来换。我找同学李锋借了一辆二六自行车，车身相对小，比较适合我。

我赶回家，爹妈帮我装了一蛇皮袋子大米。我就驮在车后出门了。门口有一条公路，是部队修建的，很多年了，路面坎坷。转过一个弯，就是一个陡下坡。我本来胸有成竹，可是，突然一个路中间的坑挡住去路，我快速摆动龙头，想绕过去。

不幸的事发生了，我横着就摔出去，连人带车倒在路边。爹妈都在门口目送，不一会儿就赶了过来，看见我胳膊肘血淋淋的，不知所措。

我安慰他们说："没事，我到学校医务室看一下就行了。"

他们也没有更好的办法，只得放我走。

真的是走。自行车的踏板已经摔直了，不能再骑。我就推着车驮着米来到学校，向李锋道歉，并准备帮他修车。

他很关心地安慰我，快去把胳膊处理一下。自行车就不用我管了。

李锋分班之后，就去读文科了，偶尔在校园里碰到，打个招呼。高中毕业以后，再也没见过他，也不知道他的下落了。

但我胳膊肘上的疤痕还在，撸起袖子，就能看到，看到了，就会想起他。

49 热

7 月了，高考逼近，天也热得要命。

教室里，几个大吊扇呼呼啦啦地转个不停，带到脸上的都是热风。汗，照旧顺着脖子往下淌。屁股下面湿，坐一会儿就要和板凳黏合了，不得不扭动身子。有时，忍不住拿起本子扇风，发现热浪扑面，就烦躁地把本子扔下……

到了下午第一节课，再热也挡不住瞌睡，或者说，越热越瞌睡。老师们也拿我们没辙，因为他们站在讲台上，也是浑身淌汗，衬衫大片地粘在背上。

幸好那时已经进入自由复习阶段，每节课，老师就发一套高考模拟试卷下来，自己做，也不讲解了，不懂的自己找老师问。每做完一套试卷，我们就带回宿舍，垫在床席下。因为凉席直接铺在铁条床上，硌背。没几天，凉席就抬高了，睡在上面软乎乎的。

晚自习更是难熬，有时还停电，就得点蜡烛。整个教室烛火通明，温度至少要升高 3 摄氏度吧。

晚自习中间有一次课间休息，我们往往在外面站成一堆一堆，聊天，不肯进教室。

化学老师是个老先生，他说话一直很稳定，不动声色，有一些经典名言。他说“学习就是不断地同遗忘做斗争”“书上的重点下画线不能太多，都画了，就等于没画”……

他为了鼓励我们战斗到底，就说：“点几根蜡烛就嫌热了？你们知道荆州、黄岗的学生是怎么学习的吗？他们每人打一桶水放在桌子下面，就把双脚泡在水里。”

我们真的被镇住了，接下来，一次没燃完一支蜡烛，就不肯离开教室。

等从教室回到宿舍，还是无法入睡。地上已经泼了好几桶水，走进来就吧唧响。实在热得受不了，只好爬起来，提个水桶去打凉水冲个澡。没那么便宜，水龙头前早就排了长长的队，那些高一高二的学生也夹在里面凑热闹，真想像挑苍蝇那样把他们都剔出来。

冲个凉，回到宿舍，大家还是睡不着。突然觉得肚子疼，坏了，这两天吃得太好，肚子可能没有思想准备。平时，我一个月的菜票才五块钱，高考临近，姐姐特意送钱来，说让我补身子。我很听话，全部换成菜票，底气顿时足了。以前一顿打一个白菜就可以对付，现在恶补，一顿打一个红烧肉，一个粉蒸排骨，再加一个鳝鱼。

嘴巴痛快了，肚子生气了。好吧，爬起来摸进臭气远扬的厕所，蹲上一阵，出来浑身都带着臭味。摸黑进了宿舍，发现大家还在转动身体，努力想入睡。

这时，窗外传来咿咿呀呀的歌声，还伴着录音机的音乐。隔一道院墙，是县卫生院的职工楼，人家大概是在搞家庭卡拉 OK。

“个破锣嗓子！”不知谁骂了一句。我们都跟着骂起来，认定是歌声吵得我们睡不着。

于是，大家一起爬起来，到外面找来砖块石头等，一齐扔向隔壁院落。噼里啪啦一阵砸，还伴随着我们的破口大骂，对面马上安静了，喘气的声音都没有了。

我们高高兴兴地回到床上，强迫躺下，艰难地闭上眼睛。一夜也不知到底睡着没有，反正早上起床，总觉得头重脚轻。

50 高考了

不知谁说过，大战前夕是最紧张的，真正打起来，就不紧张了。

这话显然不能推广。因为我在高考前就已经够紧张了，可没想到，到了高考中，那紧张更是让人不寒而栗。

第一天上午考语文。这本来是我的强项，没料到眼见的题目大都是模棱两可，我写着写着脑袋就成了一团糨糊，再加上最后是我最头疼的议论文，结果不言而喻，惨败。这并不只是感觉，事实上，语文分数下来后，也是我历年来从没有过的低分，八十多分。

开场一记重拳，打得我还没缓过劲，更奇葩的数学又逼得人发疯。我是牢记了老师的教导，上了考场，一定要先易后难。会做的，做，不会做的，过。一遍扫下来，定睛一看，最少有 60 分的题目没动笔。唰的一下，冷汗就顺着后脊梁流了下来。一点都不夸张，那一瞬间，我脑袋涨到无限大，心脏狂跳。因为我深知，如果就这样，那么，高考肯定砸了，稀烂。

冷汗从后背流到了尾脊骨，我渐渐地冷静下来，心里不停地告诫自己：挺住，千万别慌乱，死也要挺住！然后，我抹了一把干涩的额头，连连做了几个深呼吸，排除一切杂念，趴下来，开始一心一意地研读题目，啃硬骨头一样，哪怕一点肉都没有，也要把骨头嚼碎了生吞下去。

真的，那次就是一口一口啃到最后，天昏地暗，直到试卷被一只手抓走。

我晕头转向地走到休息室（我们的教室都设了考场，临时在办公楼三楼安排了一间），看见大家都是脸色苍白，面露痴呆。一位复读的女生趴在桌子上，身体猛烈地抽泣着，拼了命，也没压住哭声。

我看着心酸，就转身出来，准备到外面走走。在走廊里迎面撞到季老师，他正往我们的休息室赶，见到我，就问："黄春华，考得怎么样？"

我摇了摇头，说："不行。"真话。

他冲我一笑，说："不会的，你一定行。"是一脸的鼓励。

我却突然冲他大吼："你怎么知道呢？"一股火气直冲脑门，我知道不是冲他的，但我无法控制。我甚至没有给他反应的时间，就抢楼梯，冲下楼去。

我不怕他反过来指责我，训斥我，我怕他看见我的眼泪已经冲出了眼眶。

最后一门考物理，也是把人往死里整。物理本也是我的强项，可等试卷到手，展开一看，生平第一次发现自己竟然是个小白。

从考场出来，觉得身体已经虚脱了，连走路的力气都没有了。我和张道伟坐在办公楼下的台阶上，只有那里有一片阴凉，可以缓解一下心里的烦躁。

这时，季老师双手捧着一个切开的西瓜，走过来，说："吃西瓜，解解暑。"

我俩竟然不约而同地摆手。

季老师说："我专门为你们买的。"

"你给别人吃去吧！"我生硬地把季老师赶走了。

好好的阴凉被搅扰了，我和张道伟就起身来到操场上，远远地找了一个有树荫的地方，四仰八叉地躺下，谁都不说话。

不知过了多久，一阵脚步。我睁开眼睛，看见季老师的倒影。他靠近，蹲下，说："我请你们看电影吧。"天哪，这在平时，是根本不可能的——谁要敢往电影院跑，被他抓住了，最轻也要写千字检讨。

可现在，我们都没动弹一下身子，无论他怎么劝，我们都不接受。最后，他只好起身走了。

我偷眼望着他。那时，太阳很低了，把他的影子拉得很长，就像他失望的心情。可是，他不知道，我在心底里对他说："季老师，我懂你！"

51 报志愿

考完试，就估分。自然不理想。

估完分，就报志愿。七大张报纸，密密麻麻地写着各类高校，看得头晕眼花。

许多家长都加入进来，和自家的孩子一起商量报北京还是报南京。教室里顿时成了路边餐馆。

我突然想起，我已经有一个多月没有回家，爹妈也没来看我一眼，顿觉心中委屈。

物理老师是位老先生，他来教室里做最后的巡视，看我摸着报纸发呆，就在我身边停留了一下。我正不知如何是好，真的，根本不知道未来要干什么，怎么报志愿？何谈志愿？于是，我就抓住他问:“这志愿怎么报呀？”就像在问一道物理题。

他果然显露出平时解疑答惑的神态，右手拇指食指中指一起搓了搓，就像捏着粉笔头，甚至还皱着眉头想了片刻，说:“这样吧，你如果有把握呢，想报哪里就报哪里。如果没把握呢，就往那些偏远的地方报。”然后，就走开了。

我一下有了目标，摊开报纸，专找那些偏远的地方。后来，我就盯上了黑龙江，第一志愿报了黑龙江商学院。别说，物理老师这招真灵，竟然就录取了。

记得到学校来拿录取通知书的时候，正好碰到了英语老师，年轻帅气，是当阳城里有名的靓哥哥。他握着我的手，说：“你这一去，就要受苦了！”眼里放射出真诚的担忧和悲伤。在他看来，我大概就跟发配北大荒一样，有去无回。

这些后话不提。单说我报完志愿，背着铺盖卷回家，心中仍是满满的怨气。瞧瞧人家的家长，高考那几天，天天站在警戒线外，报志愿时，围在教室里。再瞧瞧我，前后一个多月，爹妈的影子都没见到。

正寻思，爹妈就出现在眼前。他们刚刚打完米，拖着板车往回走，正遇一个土坡，爹在前面弓着腰拖，妈在后面扛着肩推……我连忙扔下行李，跑过去帮着一口气推上了坡。

歇口气。爹妈都直起身子，望着我笑。我这才看清他们的面孔：满身满脸的糠灰，身上是灰白色，脸上只露出了两只眼睛……

一瞬间，我心中的怨气全消，换作心疼。我的爹妈每天都在拼命劳作，他们怎么会有闲工夫跑到学校，站在警戒线外浪费时间呢！

我接过车把手，换出爹，说：“走，回家。”弓身拉着车，突然觉得自己的心里踏实了。

52 初为人父

初为人父，大家都来恭喜我，搞得我自豪得不得了，好像这个“父亲”的称号是我经过多大的努力才得来的。可我自己倒觉得一点思想准备也没有。我相信有相当一部分男人也会像我一样，稀里糊涂地恋爱，稀里糊涂地结婚，最后，稀里糊涂就当了父亲。

我糊涂，周围的人可清醒着呢。他们说我结婚之后就不如以前那么潇洒了，以前只要三缺一，我随叫随到。婚后可好，千呼万唤始出来，等上了桌子，总是一副财政不景气的样子，就像一夜之间破产似的。等当上爸爸，就更别提潇洒了，简直就变成了熊。听了这话，我不生气，因为本来就是这么回事。

说到熊样，还得从产房门口说起。那时，妻子正在里面和儿子做“最后的斗争”，战斗的口号无比凄厉，不忍耳闻。我在门外急得脚后跟都踩成了八瓣，也没一瓣能帮上忙。我只有恨恨地想，上帝真是欺负女人，他敢让男人生孩子吗？

医生护士忙进忙出，我满脸堆笑地望着她们，很想从她们的牙缝里得到一点里面的消息。可她们连正眼都不瞧我，好像我是个要饭的。我心想，我有工作，我才不要饭呢，我要孩子。

孩子是欢天喜地地要回来了，而且是个儿子，随之要回来的还有一大包尿布。要说我初为人父最大的感受，就是自从儿子进了家门，我们的床就变成了厕所。我每天必须准备成打的布尿片、尿不湿甚至还有塑料布，对儿子随时可能奔涌而出的大小便进行围追堵截。那架势就跟防洪差不多，一不小心来个溃口倒垸，床单就变成了洪水泛滥的江汉平原。这些活儿如果全放在白天干，我也吃得消。可儿子不这么想，到了夜里，他照拉不误。他一拉，我就得起来防洪，一夜来个六七次洪峰，我的瞌睡就算交代了，第二天就得红着眼睛去上班。不知道的老远就躲着我，以为我得了红眼病呢。

等儿子稍大一点，他的厕所就从床上扩展到床边的地上，床单上的洪涝灾害略有减轻，可是，新的问题又出来了。儿子的尿撒得满屋都是，不管怎么拖怎么扫，那股味照样满屋子乱窜，而且比以往更浓烈。可以毫不夸张地说，自从有了儿子，我在家就没呼吸过新鲜空气。每次朋友造访，我就让他们在客厅坐着，再赶紧把门窗打得大开。朋友问我这是干什么，我说换空气。朋友一笑说，没关系，有了孩子都这样。听了这话，我心里着实感动，当天洗尿片就显得理直气壮。

但并不是每个朋友都能理解我，儿子第一次冲我笑的时候，我简直欣喜若狂。当我手舞足蹈地讲给一位朋友听时，他却不以为然地说，笑是人的本能，连傻子也会笑呢。我像吃了一只苍蝇，愣愣地望着他，等他拂袖而去的时候，我才陡然想起，他是一个老光棍。看来，自己是对牛弹琴。

初为人父，我确实变熊了，但我心甘情愿，因为我心中多了一分牵挂一分甜蜜。我想到儿子会在我的呵护下渐渐地学会走路、学会说话，然后，上幼儿园、上小学，一转眼就会长到如我现在这么大，我就觉得生活变得很有意义了。上班的时候，我说，儿子，爸爸为你赚钱去了。尽管我知道现在他还听不懂，但总有一天他会明白。下班的时候，我回家的脚步比以往快了许多，那一刻，我又尝到了一日不见如隔三秋的滋味。晴天，我会记得让儿子晒晒太阳，这样他就不会缺钙，以便他在人生的路上走得更稳当。阴天，我会担心尿片晾干没有，到底要不要我再为他另点一盆炭火。这份牵挂让我辛苦又幸福。

初为人父，我在心甘情愿地给儿子端屎端尿的时候，突然想到了远在老家的父亲。三十年前，他也是这样一泡屎一泡尿地拉扯着我，那时的他一定也像我现在一样，满是喜悦满是希望。我头一次真正感受到父对子的爱是多么无私、多么深入骨髓，这种感受在为人父之前是不可能有的。我得感谢我的儿子，是他让我更深刻地认识了我的父亲，或者说天下的父亲。

53 对哭声过敏

听说过喝酒过敏，吃药过敏，对哭声过敏可能还是头一次听说吧？告诉你，我就是这样一位患者。

平时偶尔和妻子有唇舌之争，相持不下之时，妻子就会用眼泪和哭声参战。只要她的哭声一传出，我的嘴就会马上闭上。因为我认为一个女人的哭声足以证明，她的内心已经受到摧残性的伤害，此时，我有再多道理，也不忍让它们跑出口腔，而是把它们顺着食道赶进胃里，和食物一起消化掉。天长日久，妻子摸透了我对哭声过敏的习性，就很用心地瞄准我的七寸，口角起时，她的哭声必来助阵。所以，每次我都在战争刚刚开始的时候就宣告失败。后来，妻子很经典地总结说，她的眼泪是最好的溶剂，哭声是最好的武器。

对妻子的哭声，我总是心太软，可是，对儿子的哭声，我的态度则截然相反。我和所有的父亲一样，是站在产房外听到儿子第一声啼哭的人。之后，我心甘情愿地为他调奶粉，洗尿布，忙得天昏地暗、昼夜不分。我想，谁也不能怀疑我对儿子全心全意的爱。但是，我就是无法忍受他没完没了的哭声，还在月子里的时候，他的小屁股就在哭声中尝过我的巴掌。满月之后，他的哭声似乎陡然增大了若干倍，就像收音机的音量开关突然失灵，这无疑强化了我的敏感度。他在我怀里放声号哭的时候，我只要三声之内哄不好他，就会觉得浑身燥热、头痛欲裂。于是，我试图用巴掌在他的屁股上找到声源开关，可谁知屁股只是个倍增器，每拍一下，儿子的哭声就会成倍增大，直到惊天动地招来他母亲，倍增实验才会告一段落。

他母亲猛地跳到我面前，一把从我怀里夺走儿子，怒斥我惨无人道。那样子就像我是个谋害儿子的歹徒。我自然知罪，只能垂首恭听。

其实，儿子一离开我的怀抱，我就开始后悔，检讨自己对儿子的哭声心太硬。可是，等下一次依然故我，妻子见我无可救药，慢慢对儿子的哭声也开始过敏。只要儿子在我怀里，她一听到哭声，就会大喊一声“住手”，然后，一把将儿子抢过去。儿子似乎也知好歹，一到他母亲怀里，就不哭了。这样一来，儿子的屁股就少了许多与我巴掌接触的机会。

看着儿子乖乖地在他母亲怀里玩耍，我举着空空的巴掌，觉得自己被排挤到了家庭之外。

54 观众

从结婚那天起，我就没做过一顿饭，因为结婚之前我不会做饭。谁都听得出这只是一个借口。妻当然也知道，她结婚前也没做过饭，婚后却天天做饭。但她从不责怪我，她大概是想把我从锅碗瓢盆中解放出来，让我多搞点文学创作吧。

我算是一名业余作者，写过一些东西，大多拿不出手，出手的大多被编辑们扔进了纸篓。但我不能轻言放弃，我必须装出一副能写出惊世之作的样子，因为我不想让妻的梦这么快就化为泡影。这就像一名演员，就算他知道自己的表演很差，也应该继续演下去，不能过早地让观众失望。

下班回家，我就一头扎进书房，抱着一本文学杂志发呆，有时甚至入睡。妻做好饭菜自然会来叫醒我。我就会一边抹掉嘴边的涎水，一边笑着说："我在构思，构思。"妻并不觉得我是在找借口，因为她知道大诗人李白在睡梦中还吟诗呢！

终于有一天，我得醒醒了，因为妻病了，饭菜不会自己从厨房跑到饭桌上来。我系上围裙像模像样地走进厨房，择菜洗菜，干着干着，我突然觉得很没劲，自己就像一名没有观众的演员。原来这灶台也像舞台，操作者也需要观众。我正这么想着，突然听见身后有动静，一回头，见妻倚着门框站着。

我说："你有病，快上床躺着。"

她说："没事，我就看着你，你需要一名观众，对不对？"

我吃了一惊，怀疑刚才的思想是不是被她看见了。不过，我转念一想，也不奇怪，我初登灶台的这种情景一定在她脑中过了无数遍，她最清楚一名家庭厨师需要什么。

那顿饭的质量自然不敢恭维，实事求是地评价，比我的文章稍好一点。但从此以后我的生活有了一点改变。再下班回家，我就不在书房看书了，而是搬个凳子坐到厨房门口，边和妻聊天边假装看书。

妻说："这里太吵，你回书房看吧。"

我说："毛泽东还专门跑到篮球场边上看书呢！"

毛泽东有没有这回事，我不知道，我是瞎说。妻也不追问，埋头炒菜去了。我看得出她其实是很希望有我这样一名观众的。

55 同　室

在一个锅里吃饭，在一张床上睡觉，在一扇门内手舞足蹈，这俩人就算一个是张飞，一个是诸葛亮，也会逐渐合成一个人——张飞变得越来越会算计人，诸葛亮一天比一天更爱大碗喝酒大口吃肉，他俩终有一天会异口同声地喊：“走，到酒吧喝酒去！”——这就是我在和她长期相处中总结出来的“同室定理”。

我和她走进同一扇门的时候，虽不像张飞与诸葛亮那般天壤之别，但性格的差距也足以让千里马跑上好几天。她是本地土生土长的典型的“土特产”，娇生惯养，从未离家半步；而我从十四岁就离家独立生活，然后走南闯北，等遇到她的时候，我已经年届三十。命运之门就在这时洞开，我走进去，她也走了进来，于是，我们就成了同室。

关上门，我们聊着同一个话题，有时候轻言细语，有时候高声喧哗。我们为同一件事快乐，也为同一件事痛苦，或者说我快乐她就快乐我痛苦她就痛苦，反之亦然。这并不奇怪，有点责任心的人都会这么做，纯属理性思维。

奇怪的事情是后来发生的。有一天，我突然心血来潮，想哼一首老歌，名字叫《外婆的澎湖湾》。我刚开口哼出第一个音符，与此同时，她也唱出了同一个音符，绝对是同步的，没有半点时间差。我们都被对方的声音惊呆了，片刻之后，我们就疯笑了起来，笑得眼泪都溢出了眼眶。我知道我们都为能找到这份默契而欣喜。

她在手术室工作，那里的病人大多是躺在推车上进来的，是死是活很难预料。我知道她责任重大，上班时间尽量不去打扰她。那天，她加班一夜没回来，早上我忍不住给她单位打了个电话，接电话的人说她还在台上。我放下电话就上班去了。上班上到一半，我估计她差不多应该到家了，就给家里打电话，可怎么打都是占线，最后，我不得不把电话放下。电话刚一落座就突然响了起来，我拿起话筒，竟然是她打来的。我很生气地问怎么搞的电话一直占线，她说她一直在给我拨电话。那一瞬间，我又觉得我的脑袋有点短路，心里想，这是怎么搞的？

这个问题我一直没搞懂，我想她也说不明白，靠她的医学知识想把这个问题解释清楚，难！

不如我暂且称之为“短路”吧。每次短路的时候，我全身就有一种充电的感觉，我想世上的幸福莫过于此。幸福之余，我又想，幸好我没有什么歪心杂念，否则，这种短路将是很危险的。

56 给足面子

遵循生物学的“用进废退”法则，大多家庭擅长烹饪的必然只有一人。因为能者多劳，熟能生巧，会烹饪者厨艺必将越练越精；至于其他人等，则只有择择菜洗洗碗的份儿，他们必将是永远的旁观者。

如果说厨房是一个大舞台，那我就是个小观众，妻子在台上叮叮当当、吱吱啦啦地表演一番，我除了拍手叫好，给几声吆喝之外，就是坐在台下享用她表演的结果。既赚得了吆喝，劳动果实也得到了肯定，妻子心里自然喜滋滋的。我心里更喜，但愿这种日子天长地久。

天不如人愿，妻子要倒班。倒班就得暂时告别厨房大舞台，这样一来，我坐在台下就算喊破喉咙，也不会有什么可吃。苦了我一人倒没什么，饼干、面包、方便面，样样都来得。怕只怕我那儿子，嘴无满口牙齿，手无扶碗之力，一套干面点就能把他打得面黄肌瘦。这一点妻子比我更清楚，所以，她在倒班之前总是给我们煨一罐汤，味道不错，营养也够，足以让我们从第一天日出坚持到第二天天亮。

可是儿子一眨眼就五岁多了，长大的儿子开始发言，坚决抵制罐装汤，而且立场无比坚定，宁可绝食也不退让半步。无奈之下，我不得不披挂上阵、粉墨登场，牙齿一咬眼睛一闭，天昏地暗就杀进了厨房。先打火，烧了半边眉毛，幸好我的工作是天天坐在家里，不用见人；再放油，好家伙，吱啦一声，胳膊上三处烫伤。我强忍剧痛到处翻找胡椒味精酱油醋，心里急，汗直冒，手里的锅铲舞得像把刀。儿子站在厨房门口拍手叫好，说我活像奥特曼与怪兽搏斗，让我嘴里要发出“哈！哈！”的伴奏才更威猛。我顺水推舟、就汤下面说：“小臭虫，这不是奥特曼与怪兽搏斗，这是奥特曼在炒菜。”他一听更来劲，奥特曼宇宙英雄专门来为他炒菜，也算是大开一回眼界了。

“奥特曼”的菜确实炒得不怎么样，我吃得都直皱眉，但我不停地鼓励儿子多吃，我的理由很简单“你要想着这是奥特曼为你炒的菜呀”。奥特曼是儿子的偶像，我这一招自然奏效。他呱唧呱唧狼吞虎咽，并不停地夸“奥特曼”精湛的烹饪技术，原话是“比妈妈炒得还好吃”。我差点当场晕倒。

儿子真是给足了面子，我当时一激动，就像醉酒之后一样豪爽：“小臭虫，你给我面子，我也给你面子，说，你有什么要求只管说，老爸先答应下来。”

“老爸，我们去吃麦当劳吧。”

我这回真的晕倒了，不过醒来之后，二话不说就带着儿子去见麦当劳大叔。

妻子下夜班回来，急切地问儿子一些生活情况，最后问：“儿子，你昨天夸过你爸爸没有呀？”

“夸了，我说他菜炒得好吃。”

“他给你什么奖励没有？”

“给了，我吃了麦当劳。”

“宝贝，照我说的做，没错吧？”

隔墙有耳，我听到这里，忍不住惨叫一声：哇，本帅中计了！我我我，我这回强撑着没晕倒，跑进厕所反省去了。

57 谁在偷看世界杯

上二年级的儿子今天一回家，就大声嚷：“我要看世界杯！”

我心里一惊，真没想到这小子也是个球迷，平时可没看出来，就试探着问：“你也知道世界杯？”

“那当然，我们班同学都在谈论，谁不知道谁智障。”他把书包一扔，一脸的神气，趁着这股牛劲就壮着胆子去拿电视遥控器（平时，我决不让他自己开电视）。

我一把挡住他，怕他误解，又连忙赔笑，说：“现在还早呢，得等到晚上才有。”

他遗憾地放下遥控器，马上又找到话茬儿，问：“老爸，世界杯是不是特别大？”

“是呀，大力神杯嘛！”我用手比画了一下，一来劲，比画出一只水桶那么大。

“天哪，这么大的杯子，他们的酒量也太大了吧！”他一脸怀疑，认真地盯着我。

我没喝酒，但头脑发晕。我终于知道他到底有几分酒量了——哈哈，水货一个！

他却不认为自己水，一个劲儿拉着我谈世界杯，我让他做作业，他心不在焉，结果惹恼了一位终极裁判——他老妈。一顿狂 K 之后，他才勉强完成作业，但他老妈极不满意，晚上早早就用毛衣针逼着他上床就寝。

球赛还未开始，家庭气氛已经紧张得超过了德国球场。我坐在客厅里，一边翻看报纸，一边盯着墙上的挂钟。时针指向 21 点，我可不能再犹豫了，当即打开电视，运动员已经入场了，满场的球迷们都在欢呼。

这时，终极裁判举着毛衣针从儿子房里出来，用极其强硬的口吻命令："静音！别影响儿子睡觉！"

我连忙按下遥控器的音量，球赛一开始就成了哑剧。尽管如此，我还是被场上精彩的镜头吸引得两眼放光，但只能偷偷地笑，偷偷地跳，偷偷地攥拳头，偷偷地跺脚。因为裁判就坐在我身边，手里一直攥着毛衣针，只要我的声音超过一只蚊子，她就会用针敲我的腿，用手指儿子的房门。

这球看的，比潜水还憋闷。好不容易熬到终场，我站起来长出一口气，刚准备活动一下筋骨，突然看见儿子的房门动了一下。我两步跨过去，一推门，儿子正站在门口。他以为我会把他的屁股当足球，连忙往床上爬。我一把抓住他，说："你要看就到客厅去呀，害得我像做贼似的。"

他更是一脸的委屈，说："我也难受呀，腿站软了，不敢笑也不敢喊。”

看来，他是在门后站了两个小时，这等球迷绝不是水货，我得对他刮目相看，于是问：“你说说，哪里最精彩？”

“这还用说吗？当然是那个守门员最厉害！”

“噢，怎么讲？”我急切地想听他的高见。

“他一脚把球踢到球场上空的电视机了，还没有谁能够做到呢！”

我两腿一软，直想倒地，最后还是靠着门框才站稳，充满同情地问：“就为看这个，你硬是熬了两个小时？”

儿子没再说什么，一头钻到了床上。因为终极裁判已经攥着毛衣针进来了。

58 从我做起不容易

儿子上小学三年级，今天一回家，就翻箱倒柜，到处找塑料袋。我以为他要装什么，就帮他找了几个，他一起收了，还不停地找。我就纳闷儿了，一问才知道，他不是要用塑料袋，而是清理。原来，他们老师今天讲了环保问题，说塑料袋是白色污染物，埋在土里不容易吸收，只有卖给废品回收站，才能重复利用。并且还着重强调，回去告诉爸妈，以后上菜场买菜，别用塑料袋，准备个小篮子。

我拍手称快，老师教得好，我早就对此深恶痛绝。我曾经无数次也和朋友们说，这塑料袋是 20 世纪最糟糕的发明。朋友们一般都会笑话我，说有本事就别用它。

我后来试了一下，还真没那个本事。上超市商场购物，出口处一律为你准备好了塑料袋，东西一装，走人，方便快捷。这时，我总不能不让人家装塑料袋，然后自己掏出个麻布袋子，像收破烂一样把刚买的东西统统收进去吧？一定要这样做，也不是不可以，但太另类了，我怕自己受不了。

家里买菜的活儿全是老婆包了，我是极有环保意识的，就决定和儿子一起劝老婆挂个小篮子去买菜，做一个环保主妇。可是，话刚出口，老婆的手就伸了出来，像张红牌。我连忙退后，让她的心肝儿子去闯红灯。

儿子发扬勤学好问的精神，问了第一个为什么。孩子他妈果然没把他罚出场，而是笑着反问："你看谁买菜提篮子了？"

儿子打破砂锅问到底，追加了一个为什么。孩子他妈笑得更厉害了，说，我每天要上班，回家的时候才顺便买菜，我总不能提着个篮子去单位吧！

老婆笑容虽好，但态度是坚决的——不！我也听出了弦外之音，她其实也是怕自己太另类。环保意识其实人人都有，理论上说，实施也不难，但一到实际中，那举手之劳就是举不起来，其根本原因也许就在这里。

有一次作协开会，发了一个手提袋，类似塑料袋，但感觉有点不一样，仔细一看，上面有几个字"可吸收"。好家伙，这玩意儿能吃吗？我这样问朋友，朋友笑了，说是能迅速被土壤吸收。我顿时来了灵感，说为什么不都造这种袋子，来取代塑料袋呢？朋友又笑了，说天真，知道这一个袋子多少钱吗？

我伸着脖子等了半天，他也没告诉我多少钱。但我知道他的意思，这个袋子大概要比塑料袋造价高不少。我忽然就想起了不久前看到的一篇文章，说是中国某参观团到某发达国家参观某原始森林，为了方便游客，森林上空架起了游览车。游览车与中国许多景点的差不多，一问却吓了一跳，它的造价大概是国内的几十倍。他们就偷偷笑老外是个蠢蛋。该文的作者透露，老外造这个索道时，每一块砖都是空运到施工现场，施工者在现场要严格保证，一米以外的一草一木都不能受损。而我们国内同样的原始景点施工，却是人到之处，草木俱损。钱是节约了，可是我们损失的是钱无法买回的东西。到底谁是蠢蛋？

钱蒙蔽了我们的环保意识，用盖房理论打个比方，我们今天省了一根柱子，说不准哪一天，房子就会因为没有这根柱子而倒塌。我们大概都在做这样的蠢事。

所以我就想不明白，既然已经有了塑料袋的替代产品，而且这种产品很环保，为什么就不能花力气去推广呢？起码在大型商场超市，我们的有关部门可以出面搞定这个事。我就不信，中国人现在还穷到连一个购物袋都要斤斤计较！

我们不要过多地指责老百姓没有环保意识，而是应该以政府的力量去创造条件，让老百姓顺理成章地去环保。因为没有几个老百姓愿意做另类。

59 这个春节有点贵

有人说今年春节是武汉最贵的一年，不为别的，就因为那百年不遇的大雪。

我从鲁迅文学院学习完，已经迫近年关，回到武汉，一下火车，就看到了铺天盖地的雪。往年武汉也下雪，通常存不住，落到地上没两天，太阳一出来，全化了。今年特别反常，一直下雪，不见一点太阳光。

老婆开始抱怨了，说蔬菜比荤菜还贵，荤菜比金子还贵。以前的大白菜五毛一斤，都没人正眼瞧，现在五块一斤，就算捡到便宜的了——谁还敢正眼瞧！这还没完呢，菜价还在翻了跟头往上涨。

话音未落，更贵的东西来了。十多天的积雪，被人一踩，扁了，再一冻，硬了，路上就成了溜冰场。她从菜场出来，提着一袋极精贵的菜，愤愤不平地走着，大概是忘了走在冰面上，一不注意二不小心，脚往上扬，头往下躺，好在屁股奋勇当先，才免除了脑震荡。

回到家一检查，半边身体的胳膊腿都出现大块青紫，推拿按摩都不管用，唯一的办法是侧卧。这可难为她了，因为她习惯的睡姿是仰卧。

本以为这个春节会被雪给埋了，好在老天开眼，就在大年三十的前夕，雪停了，太阳出来了。常说鱼儿离不开水，人也离不开光。武汉人见了太阳，比过年还高兴，一个个喜气洋洋，来回奔忙，肩挑背扛，全在往家里搬运鞭炮。真是“备战备荒”。

以前的鞭炮，电光鞭也好，土鞭也罢，最多就是几十块钱一挂，再加上一些小花鞭花炮，也花不了几个钱。现在可好，除了成挂的鞭炮，大家都扛大礼花，一大箱一大箱的，动辄上百块呀！看来都被这场雪憋疯了，不炸个天翻地覆是不会罢休的。

蓄谋已久的轰炸是从春节晚会正热闹的时候开始的。已经没人等得及主持人搞什么倒计时，离新年的钟声还老远呢，外面就“炸楼”了。噼——啪——，轰——电视节目全泡汤了，周杰伦跑到台上的时候，我把音量调到最大，一句也没听清。当然不能怪他口齿不清，是外面的炮声太重，而且没有间隙。

我想把耳朵贴到电视机上去，老婆把我拉了过来，搬出一大盒鞭，让我下楼放。我抱着大鞭盒子跑下楼，天哪，到处都是火光闪闪，鞭炮声隆隆，哪有我放鞭炮之地呀！我只好先跑到一棵树下站着，等放完的人空出地来。可脚没站稳，树上的雪沫震得直往下落，撒得我满脖颈都是。这不算啥，更可怕的是，不时会有“飞弹”打来，树干嘭嘭直响。

为了避免不必要的牺牲，我转头就往楼里跑。可老婆堵在楼洞口，不让进，一边把我往外推，一边还喊着什么。听是没法听清楚，看着她一脸大无畏的神情，我觉得自己很渺小，顶多算个未遂的逃兵。为了不继续丢脸，我咬牙切齿地一回头，才发现她一直在指一块空地。啥也别说了，冲！我怀抱鞭炮，像抢占无名高地的勇士，几个健步就跨了去。好险，再晚一秒钟，就被别人抢占了。

我从小就怕放鞭炮，打火机抖动了三次，终于点燃了导火线，转头想跑，看见老婆双手捂着耳朵，站在旁边岿然不动。我只好假装无所谓地扯了扯衣服，站直，心里暗数着自己被炮火打击的次数，脸上两次，后脑勺五次，屁股八次，身体其他部位数不胜数。

放完鞭，我“伤痕累累”地跑上楼，儿子趴在窗口看热闹。我把他拉进来，关上窗，对他喊话，问他听见我放鞭了没有。他耸耸肩摇摇头，又拉开窗看热闹去了。我想也是，谁能听见谁是谁呀！

不知过了多久，鞭炮声终于稀落了，我和老婆互相问新年好，问完之后，我紧接着问我们家今年买鞭炮花了多少钱。老婆正和儿子互相问候，抽空冲我摆摆手，说不多，就几百块钱。我就纳闷儿了，白菜五块钱一斤，她嫌贵，买几百块钱的鞭炮她怎么就不嫌贵呢？

该贵的都贵了，不该贵的也搞贵了。看来，这个春节注定很贵啊！

60 有关蛇的故事

穿鞋的怕光脚的。这句话我搞不懂。

我知道光脚的怕什么，不怕什么。

上山打柴，光着脚，不怕刺，也不怕草木桩子；到河沟放牛，也光着脚，不怕粪水，不怕锥子一样的石子。光脚的只怕一样，蛇。

也不是什么蛇都怕。那种鸡蛋脑壳的水蛇，就不要紧，一口咬在脚上像蚊子叮。胆子大一点的，会一把抓住水蛇，举过头顶甩两圈，一松手，蛇就射中一棵树干，啪的一声，滑落下来，不知是死是活。然后，大家一起唱“水蛇咬个包，一边走路一边消”，照样跳到河里游泳去了。

“对眼”的脚被土公蛇咬过。

“对眼”有个很好听的名字，叫张学文，但他除了不爱学习，干什么都是一把好手。他天生一对绿豆眼，一高兴、一生气、一激动，反正一不正常，两粒绿豆就往鼻子中间挤，好像有根皮筋一下把绿豆拉拢了。

“对眼”的奶奶总是站在树下骂他爹，说他爹吃王八吃多了，就生出个小眼睛的儿子。可他爹一点不在乎，每次从田里回来，提着一只王八，就扬给他奶奶看，还说：“眼睛小怎么了？聚光，看得远。”

“对眼”的眼睛一点也不聚光，我知道，他看什么都是重影，就像没睡醒就被他爹从床上提起来了，那时，看什么都像刚从水里捞起来，湿漉漉的。

有一次，他上山打柴，把一条土公蛇当作枯树枝，生怕我抢在他前面，就猛跑几步，弯腰去捡。

我说过，“对眼”不聚光，但不等于他是瞎子。他凑近了就看清楚了，那是一条蛇。等他能看清蛇的时候，蛇也能看清他了。他奶奶说过，蛇是最歹毒的家伙，看见什么咬什么。

蛇正是按他奶奶说的做的，一抬头就咬。“对眼”手一缩，比脚躲得快。蛇没有选择，只好一口咬到他的脚上。

我如果是蛇，宁愿咬他的手。他的脚一年到头都不洗，我闭着眼睛就知道他来了，因为脚臭总是抢在他前面一步到。

蛇咬了一口，可能受不了那比臭豆腐还厉害的臭味，就抖着身子钻进小树丛，回家去了。“对眼”也掉头往家跑。好像他们俩已经商量好了，一碰头就分头往各自家跑，比赛看谁先到。“对眼”肯定又输了，他是踮着右脚跑的，好像脚趾已经被咬掉了一根。他跑几步，就停下来，用最拉拢的“对眼”看一眼脚趾，然后，就号：“妈呀，爹呀，爷呀，奶呀……”

恨不得把亲人都喊一遍，就是不搭理我。

我只好背着自己的背篓，提着他的背篓，跟着他跑。他的背篓里装了不少柴火，太重，我就都倒在一个隐蔽的小坑里，改天我还能来装进自己的背篓。

“对眼”比我高一个头，平时总学着他爹的样子，指着我的鼻子说话。今天被蛇咬了一口，一下就变成了一个小毛孩子，冲进屋里，就扑向他奶奶，嘴里喊的却是妈。

我背着背篓挤不进去，只好出来，放下背篓，再进去的时候，就吓呆了。他坐在椅子上，脚跷到饭桌上，他奶抱着他黑乎乎的脚，用嘴巴吸脚趾呢！吸一口，扭头对地上吐一下，不停地这样。我真担心他奶以后还有没有胃口吃饭。

他奶没告诉我，吐口水的时候，冲我挥了一下手，说：“快，去弄一把马莱汉来！”

我连忙跑出去，在屋前扯了一把马莱汉。马莱汉应该是给猪吃的，“对眼”这回要吃猪草了吗？

我有点期盼地跑进屋，把马莱汉举给他奶。可惜他奶没有把马莱汉放进“对眼”嘴里，而是塞到自己的嘴里，用那两颗连豆腐都嚼不烂的牙磨半天，吐到手里，又敷到“对眼”的脚趾上。

我妈每次做了好吃的，就让我端一点过去给“对眼”的奶奶尝。我就说：“肯定都是被‘对眼’吃了，他奶的牙齿，根本不能当牙齿用了。”

“你别管。”妈会笑着在我屁股上打一巴掌，催我快去，

“看一眼也是好的。”

我就搞不懂了，妈到底想让我把这些好吃的送过去干什么？半路上，我总是会偷偷吃一点，反正他奶只看一下，剩下的都是“对眼”吃了。想到是“对眼”吃，我就特别不想送过去。

“对眼”一点也不会因为我送他吃的，就对我好一点。他总是像他爹一样凶巴巴的，用手指着我的鼻子说话。我最希望蛇能咬掉他的那根手指，可惜，他的手躲得太快。

不过，看到他这样惨地哭号，我还是挺高兴的。我希望他整天这样号，而不是凶巴巴地指我的鼻子。

“对眼”好像看出了我的心思，停住了号哭，侧头盯着我，两眼对得特别拢，说明他非常生气。

我害怕他脚一着地，就会指我的鼻子。正好听到我妈在喊，我掉头就跑了。

后面几天，“对眼”的右脚趾上就包着一层厚厚的布。他没事就跑到我家，让我猜那根包着的脚趾有多粗。布裹得那么严实，我怎么猜得出来？不过，我很想告诉他，臭气要小多了。他奶在敷伤口的时候，用湿抹布破天荒地给他擦了一下右脚。如果左脚也这样擦一下，臭气会小一些。

三天后，他来喊我上山打柴。我看见他的脚趾已经没有裹布了，但别想看清伤，因为那里又是黑乎乎的了。

这两天我也没有去打柴，正好缺，就跟着他去了。到山上，他不忙着打柴，而是指着我的鼻子问：“我的柴火呢？别以为我的脚被蛇咬了，我就会忘掉我的柴火。”

我吓得说不出话来，只是后悔，蛇怎么不咬他的脑袋？那样，他就不会记得柴火了。

他不指我的鼻子了，推我的后脑勺，像抓住一个俘虏，让我带路。我只好带着他来到小坑边，一堆柴火还乖乖地躺在里面。

他一把推开我，就要过去捡柴火。我连忙拉住他，拼命向后一拖，他就坐到地上。他脱掉背篓，站起来就要揍人。我不停地指着小坑，那里盘着一条土公蛇，颜色黄枯，就像树枝。

“对眼”看不清坑里，他从我的表情上知道了是怎么回事，吓得掉头就跑。跑出老远，见我正捡石头砸蛇，他又跑回来，站在我身后，也一起砸。

我正打得起劲，就觉后脑勺突然一轰。我伸手一摸，湿湿的，热热的，一看，是血，就蹲下大哭起来。

“对眼”慌了手脚，围着我乱转，就像狗遇到了刺猬，不知道该怎么下手。

可能是我的哭声太大，蛇吓跑了。“对眼”壮着胆子过去，把坑里的柴火往我的背篓里装。

我偷眼看着，提高了哭声，担心他只装一半给我。等他把柴火都装进我的背篓，我就放心了，哭声降了一些，但不能停，免得他以为我就是想要那点柴火。

他提着背篓到我面前一顿，说：“都给你了，还想怎么样？”咬牙切齿的，好像是我逼着他那么做的。

我不知说什么好，只有一直哭下去。他见我没完没了，就甩下我，独自离开了。

我偷眼看着他，等他走得没影了，就停住哭。坑里还有一根柴火，我过去捡起来，放进背篓，然后背起来。够重了，不用再费力到处去找，可以直接回家。这样真好，如果每次脑袋被砸个窟窿，就能白得一背篓柴火，我情愿让脑袋多砸几个窟窿。

我正乐呵呵地一边为后脑勺上的窟窿得意一边往回走，树上掉下一根小树枝，正好打中我的头。还好，是一根小树枝，没打疼。我猜会是“对眼”藏在树上，就后退几步，仰头看。

没有人，高高的树干上，倒吊着一条青蛇，是我从来没见过的样子。它的头上长着鸡冠一样的东西，身子来回摆动，好像马上就要掉下来。

我吓得坐在地上，背篓重重地着地。蛇突然就不摇晃了，身子挺了起来，尾巴一松，就平缓地向远处滑翔，慢慢地降落到小树丛中，不见了。

我第一次看到会飞的蛇，没有翅膀，能飞那么远，真是把我吓傻了。

我回了家，扔下背篓就去找“对眼”，告诉他，我看到了会飞的蛇。我不知该怎么说，一边比画，一边挥动胳膊，做出飞的样子。

“对眼”的眼睛越拉越拢，最后，他狠狠地推了一下我的肩膀，说：“你的脑袋被砸坏了吧？回家躺下，明天早上起来，就不会胡说八道了。”

他死活不肯相信我的话，除非我在他后脑勺上也砸个窟窿。我可不敢，如果那样，我的脑袋不被他打成马蜂窝才怪。

我只好回家把会飞的蛇讲给妈听。可是，妈一点也不感兴趣，甚至不愿跟我多提一个蛇字，不停地问："你的脑袋谁打的？"

我不得不先回答她的问题，我说是我自己打的。

她就给我洗了一下，让我好好躺下，睡一觉，蛇就不会飞了。

我知道了，只有我一个人看到的东西，是不会有人相信的。我决定再也不说会飞的蛇了。因为我只要一说，就会有人告诉我，睡一觉，蛇就不会飞了。

第二天早上，"对眼"被他爹狠揍了一顿。不是因为他打破了我的脑袋，而是他说他醒来的时候，床上有一条蛇和他睡在一起。他爹问蛇呢，他说跑了，他爹就猛揍他，好像是恨他没把蛇活捉似的。揍完之后，他爹就下地去了，甩下一句话："你再胡说，我就抓一筐蛇倒在你床上！"

他奶心疼他，装了一杯爆米花，才把他的哭止住。我去找他的时候，他正坐在门槛上一颗一颗地往嘴里塞爆米花。

他一见我，就警惕地把爆米花抓紧，身子直起来，绿豆眼很快地向鼻子集中。

我说："我相信有蛇在你床上。"我说的是真话。他的房间是土砖垒起来的，有许多透风的缝隙，就算有一千条蛇爬到他床上，也能在一眨眼全部逃出砖缝。

他站了起来，说："不给你吃。"然后，他猛吸一下鼻子，长长的鼻涕缩回鼻孔，还带上一粒爆米花。

"我不吃，只要你相信，我看到了会飞的蛇。"我向前跨了一步，盯着他手里的杯子。

他紧张地退到门槛里面，他只有在拿着食物的时候，才会怕我。他恶狠狠地说："滚，别想吃我的爆米花！"哐的一声，门关上了。

我终于知道，他这一辈子也不会相信，我看到了会飞的蛇。

61 红楼之梦

在我的印象中，《红楼梦》很早就有了越剧版的电影。露天电影是那个时代的特产，我正是站在露天电影场上看到了“黛玉焚帕”。漫天的雪花满地的白，我夹在人缝里看得眼泪一把鼻涕一把，哭得绝不比黛玉逊色。鼻涕都抹到了棉袄的袖口上，眼泪一半落到雪地上，另一半流进了心里。细细回想起来，那年我约莫七岁。

初中毕业，我考上了县重点中学，离开乡村来到县城，开始了我的住读生涯。那时，我每月的生活费大约在五元，这在别人看来是很微不足道的，但我很努力地控制着“五元”的上限，就像现在的防洪大军密切地注视长江、淮河的水位一样。因为我知道，我的父母从泥巴地里每抠出一分钱，都会付出成碗成碗的汗水。

然而，有一天，我不得不伸手向父母索要一笔“巨款”。那天我在县城唯一的书店里意外地发现了人民文学出版社出版的《红楼梦》，暗红色封面，一套三本，一共十五块钱。我摸着口袋里刚从家带来的五元生活费，手心都捏出了汗，才怯怯地问售货员，能只买一本吗？她很坚决地摇摇头，末了加上一句，这是最后一套了。我知道她在暗示着什么，就讨好地说："能为我留着吗？我过两天一定来买。"她笑了笑。我以为她是答应了。

当天晚上，我就摸黑赶回家。父母见我刚去又返回，都以为出了什么大事，吓得脸色苍白。我吞吞吐吐半天，终于还是实话实说。父母在明白事由之后，白脸一下又变成了红脸，你看看我我看看你，像两个犯了错的小学生。我看着心疼，就咬咬牙说："算了，就当我没说。"说完，我转身就准备走，还有十多里山路等着我走呢。

父亲突然叫住我。我回过头来，看见他弯下腰从床下摸出一支破布鞋，把鞋磕了磕，里面就掉出一把纸票。他将纸票抓成一把递给我，我不敢伸手去接。不是我嫌那钱太散，而是在那一瞬间十分后悔自己的所作所为。真的，一本书算得了什么？不能吃也不能喝，而且还是一本"闲书"。

父亲见我发呆，就把纸票强塞到我手里说："正好十五块，没错的。是用来买书的，又不是用在歪道上，怕什么？"

我怕站久了眼泪会掉下来，就胡乱应了一声，转头走了。

第二天，我心情复杂地来到书店，售货员却说书已经被人买走了。那一刻，我不知道是该庆幸还是该难过。之后的三个月，我没找家里要生活费，之后，我再也没进过那家书店。

考上大学之后，听人说学校有个图书馆，看书不要钱。我简直喜疯了，进去就找《红楼梦》。这一找不要紧，我发现整整一个书架上都是与《红楼梦》有关的书，除了不同出版社的几种版本，还有相关的注解、考证、评论等。我当然先拿暗红色封面的那一套，那一刻，我终于露出了胜利者的微笑，心说，我看你往哪儿逃！

回想起来，大学四年我就读了《红楼梦》这一本小说，反反复复地读，断断续续地读，读完小说看评论，看完评论再读小说，就这样读了个天昏地暗、物我两忘。有时候，我躺在床上手里抱着《红楼梦》流泪，有时候，我看着教室桌上摊开的《红楼梦》流泪。我不知道《红楼梦》赚了我多少眼泪，反正每次合上书本，就有人叫我“林妹妹”，幸好我是个男生，这个外号才没流传出去。事隔十几年，我仍能记得史湘云在离开贾家的时候，把贾宝玉拉到一边悄悄告诉他，别忘了提醒老祖宗唤她回来耍。这类很平淡的事情，在当时却能让我心痛得流泪。

我在大学学的专业是制冷，实事求是地说，我的专业相当优秀。可是，就在毕业的时候，我突然宣布——我要从文！我的理由很简单——一个人一辈子用心去做一件事，不成功的概率很小。

同学们都很惊讶，甚至不解，那是因为他们不知道我有多么羡慕曹雪芹，他在死去多少年之后，还能用他的“闲话”牵引我，让我哭让我笑，让我为他笔下的人物心碎断肠。于是，我决心提笔，来赚取世间如我者的眼泪。这应该就是我最初的文学动机。

数十载过去，东西写了一些，像模像样的却没有，眼泪当然也没得赚。努力的结果只不过是把我这个学工的大学生改变成了一个靠文字吃饭的码字匠。每每扪心自问，我为什么要从文？我的选择值吗？诸如此类的问题问得我一阵阵心慌的时候，我就会想起那个在露天电影场上的少年，他站在雪地里，被一个与他毫不相干的女子的身世打动，女子在为逝去的爱情焚烧手帕，他却在不知爱情为何物的时候，悲天悯人地哭起来。我想，那个少年是值得我尊敬的。我多想让他回到我的身边，可是，在钢筋水泥的城市，我上哪儿去找露天电影场？

那么，我也不会再读《红楼梦》，因为我怕在翻开扉页的时候，一些脆弱而美妙的记忆会随风而逝，就如那个露天电影场上的少年。

庆幸的是，梦还在继续，曹雪芹依然站在梦的远方，文学依然是我不变的追求。

62 我们的老师一拨拨

老师们常说："你们看，我教的学生，换了一茬儿又一茬儿。"脸上总挂着自豪。

学生们心里也在盘算：教我们的老师换了一拨又一拨，什么时候是个头呀？

那时，我坐在教室里，整天围着书本转，总以为老师是绝对的权威，是我生活中最重要的部分。可是，一眨眼工夫，我已经学完了所有的课程，校园离我越来越远。蓦然回首，我的老师已经成为遥远的过去，站在永远的记忆里。

见过再多的老师，最后能记住的就那么几个，一旦记住，想忘都忘不了，几十年之后，仍能脱口说出他们的名字。

阎花兰，是我小学五年级的语文老师，戴一副深度近视眼镜，讲一口标准的普通话，性情偏急，说到激动处，就用手指头戳眼睛架。

她规定我们写周记。起初，我的周记经过筛选，总能被她当范文在班上念。不知是习惯还是信任，渐渐地，她就不预览了，直接把我的周记收上来，念给同学们听，搞得我自豪又紧张（生怕自己写得不好，老师一念，让同学们笑话）。

我在一次描写考场上老师一走到我身边我就停笔不写时，用了这样一句“就像母鸡下蛋，不喜欢别人站在旁边看”。阎老师大加赞赏，夸得我心花怒放，那美滋滋的感觉，几十年后，仿佛还在心中荡漾。我想，我后来爱上文字，和阎老师应该有直接关系。

余位义，我初三的语文老师，典型的私塾先生的形象，满腹经纶，一脸严肃，一天到晚逼着我们背古文，且从不手软。《岳阳楼记》就是在他手里倒背如流的，直到今天，我仍能随口背来。真正体会到他手硬，是一次贪玩，没听见上课铃声，他从后面狠狠给了我一“栗骨”，打得我眼冒金星。

中考之后，我是班上唯一一个考上县一中的，体检时，他带我住在他家里，大夏天的中午，为了不影响我休息，他把老婆孩子都赶了出去。在教过我所有的老师中，他应该是最有个性的了。

季彬，是我高三的数学老师，那时，他还是个处在恋爱期的小伙子，英俊挺拔，爱穿带响的皮鞋，百米赛跑少有对手。这都不是我记住他名字的理由。

那年高考，数学相当难，我用先易后难的办法做了一遍之后，才发现，有六十多分的题还没动笔。正是盛夏，我却感觉冷汗顺着后背往下流（绝不夸张），片刻的镇定之后，我开始挤牙膏，硬着头皮往下做。整个过程云里雾里，根本不知自己做了些什么，等走出考场，进了休息室，看见一个复读的女生正在埋头痛哭。

我心里憋得慌，连忙转头走出去，就在走廊上碰到了季老师。他兴致勃勃，笑着问："黄春华，考得怎么样？"我没作声，摇了摇头。他拍拍我的肩膀，说："你肯定考得不错……"我没等他话说完，就大吼："你怎么知道呢？"我想我是疯了，一甩头就跑开了。

最后一门考完之后，季老师碰见我，仍是一脸笑，并说请我去看电影（高中是不准看电影的）。电影自然是没心情看，但那笑一直留在了我心里，那是我一生中遇到的最宽容的笑。

如今，我的孩子已经走进了校园，他也在遇到一拨拨的老师，而我还会在不经意间想起我的老师，并常常会产生一种强烈的愿望——想和我的老师坐坐。不知这种愿望能不能实现。

63 安徒生的女儿

最早接触安徒生这个名字，不是通过他遍及世界的童话，而是一次春节猜谜问卷。那种问卷好像是中央电视台统一向全国发放的。其中有一条是“岂可虚度年华”——我很脸红地告诉你，那时我还不知道丹麦的那个作家，是一个高年级的告诉我的——谜底就是安徒生。

那年冬天，雪下得特别大，期末考试那天，雪已经快没膝了。每天放学，我们都要经过一个废弃的小屋，那里藏着一个披头散发的女人，有时候会冲出来对我们大喊大叫。没有人知道她从哪里来，大人们说她是疯子，我们更愿意相信她是个魔鬼。我们曾经打赌，谁敢靠她最近，谁就是英雄。

考完试，我和几个同学路过小屋，“魔鬼”没有出现。我们就好奇地靠近小屋，向里张望——她正缩在一堆稻草里，只露出了一个脑袋。

不知谁出了一个主意——打。于是，我们一起向里面扔雪球。扔完之后，她并没有动。我们却吓得魂飞魄散，转头拼命逃，生怕被她一伸手抓住。

那是我最后一次见到她，过完春节，再去上学，屋里就空了。我并没太在意。

新学期之初，我们学到了《卖火柴的小女孩》，老师说这是安徒生写的。我对这个名字有点印象，就把手举得很高，老师点我起来朗读课文。我很得意，因为我的普通话说不好，很少有这种表现的机会。

可是，等我读完之后，我的得意劲就一扫而光，不是我读得不好，而是那个卖火柴的小女孩太可怜了，我心里像堵了一块石头一样难受。整整一天，我都不去和别人说话，心里一直在想：我能不能救活那个小女孩？如果我正好在她点燃所有的火柴之前，出现在她面前，也许，她会和我一样坐在教室里……

放学后，我突然想起了那个疯女人，一个人偷偷摸到小屋，壮着胆子往里看：除了一堆乱草，什么也没有。

吃晚饭的时候，我问妈妈关于那个疯女人的下落，妈妈奇怪地看着我，说："你问这个干什么？她早死了，被人拖走了。"

我突然感到一阵心痛，放下碗筷，趴在桌上大哭起来。一家人都愣愣地望着我，一脸的莫名其妙。

心痛过去很多年了，我似乎渐渐明白，世界上可怜的，不只卖火柴的小女孩一人，还有许许多多的女人，她们都是安徒生的女儿。卖火柴的小女孩已经死去，但是，安徒生的女儿却活在了一代又一代人们的心中。

64 过一年，长一岁

“大人盼种田，小孩儿盼过年。”小时候，我常听村里人说这句话。大人是不是真的盼种田，我不知道。但小孩儿的确是盼望过年的。

过年可以穿新衣服，吃水果糖，放鞭炮，谁不想，肯定是脑壳里灌了泥浆。我脑壳里干干净净的，当然盼过年，从一个月前就开始倒计时，扳着指头做减法，一天少一根手指头。

那年我七岁，我爹摸着我的脑壳说：“过一年，长一岁，再不能尿床了。”

我双手捂住裤裆，暗下决心：等过完年，瞧我的床单吧！

那一年，我盼过年的心情与所有的伙伴们都不一样，我已经有点瞧不上他们那种没出息的样儿了。我的理想是：过完年就长成男子汉，不再尿床。哼，他们哪儿猜得出？

我把最后一根指头扳下去之后，大年三十就到了。

隔壁的老三拿着几颗电光鞭喊我去玩，我像赶母鸡一样冲他挥挥手，说："去去去，小孩子的把戏。我还要贴对联呢。"

他摸着盛产鼻涕的鼻子惊讶地问："贴对联是你爹的把戏，你……"

我没理他，从爹手中接过米糊，爬上梯子，把对联贴到门框上，下来叉着腰一看，歪了。爹笑着说："歪就歪吧，反正字也不太正。"

半夜12点，每家都要放鞭炮送年。往年都是爹放，这回我坚持要放，爹拗不过我，就将一长串鞭绑在竹竿的一头，让我举着放，安全。我咬着牙，闭着眼，一阵天昏地暗的轰响之后，只觉两耳发麻。我故作镇定地拍着手，心想：反正我已经长大了，这点麻算什么？

送完年，都想睡觉了，我自告奋勇地留下来守年，大家求之不得。他们哪知我的小算盘：只有不睡觉，才能保证不尿床。

"三十的火，十五的灯。"守年是不能断火的，火笼里一个大树蔸子熬着，非常可靠。

可是，事不凑巧，树蔸上的一壶水开了，水潽出来，哧哧乱响。我赶过去伸手抓壶把，烫！一松手，水泼了。我一声惨叫，惊动了全家人，他们七手八脚脱掉我的鞋袜，看着烫得猪蹄似的脚，唉声叹气。我却另有想法：也许这壶水就是我的尿，泼掉了，哈哈！于是，我安心去睡觉，果然一夜无尿。

那一夜已经过去近三十年了，当年盼望长大的情形还历历在目，但再有人对我说"过一年，长一岁"时，我就会心慌。因为我现在不是长大，而是变老。所以，年也不用盼了，不来最好。

65 国歌在我心中

最开始听到的是旋律，每天早晨 6 点半，村广播站开始广播，高音喇叭里就会传出同一首乐曲。每每这时，妈妈就会喊，广播都响了，快起床！那时，我正处在贪睡的年纪，嘴里就埋怨，该死的广播，看哪天我切断你！因此，我也恨起了那首曲子。恨归恨，因为每天都能听到，而且是在早上（据说早上的记忆力最好），所以，没多久，我就能从头到尾哼出来了。

有一天，老师说教我们唱一首歌，歌名叫《义勇军进行曲》。老师刚唱完第一句，我就举手站了起来，我说，老师，我会唱这首歌。老师惊讶地看着我，说，我还没教，你怎么会唱？我说，我不会词，但我会哼。说完，没等老师同意，我就哼起了那首每天早上催我起床的曲子。哼完之后，教室一片寂静，我以为老师要发火，说我又耍小聪明。谁知老师竟带头鼓起掌来，老师说，你哼得不错，这样吧，你先教大家哼。我受宠若惊，站在讲台上激动不已，结果，第一句就哼走了调。

最终还是老师教会了我们这首歌。“起来，不愿做奴隶的人们，把我们的血肉筑成我们新的长城，中华民族到了最危险的时候，每个人被迫着发出最后的吼声……”

加进歌词之后，我觉得唱起来比光哼要带劲多了。我回家唱给妈妈听，她说唱得好，就是不爱起床。听了这话，我就发誓以后一定和广播一起起床。再听到广播放《义勇军进行曲》，我就会一挺身从床上坐起来，嘴里唱道：“起来——”

一个偶然的机会，我在电视里看到了聂耳当年创作这首歌的情形：战火纷飞，民族危亡，百姓流离失所。电视里有个画面和歌词是一致的——冒着敌人的炮火前进！前进！前进进！从那以后，我对这首歌有了新的理解，只要一唱起它，我就觉得浑身热血沸腾，自己仿佛肩负着历史的使命。

后来，在很多大会上，第一项都是“全体起立，奏国歌（即《义勇军进行曲》)”。我看见全会场的人都站立起来，表情肃穆，眼神庄重，以最神圣的姿势迎接这首曲子，我才知道，这首歌在每个人的心目中都有同样的分量。

一切都是在平淡中体会这首歌的重量，直到公元 1999 年 5 月 8 日，以美国为首的北约轰炸我国驻南联盟使馆，造成我人员伤亡，其中有 3 名记者遇难。消息传来，全国人民为之震惊、悲痛、屈辱。各大电台、报纸在显要时段和版面播发了胡锦涛同志的讲话以及全国人民的激愤。

我在家里坐不住了，想找个人说说，刚走上街头，突然听到远处传来熟悉的歌声：“起来，不愿做奴隶的人们，把我们的血肉筑成我们新的长城……”我循声望去，只见一队大学生手举“抗议北约暴行！”“强我中华！”等横幅迎面走来。街道两边站满了市民，都跟着一起唱一起喊。我不禁浑身一震，这首歌我已经唱了二十多年，但只有此时此刻，眼前的这一幕才让我生平第一次真正体会到它的意义所在。

时隔半个多世纪，我跟着游行的队伍唱起这首歌，仿佛又看到了聂耳眼中的纷飞战火，我又一次真切地感到“中华民族到了最危险的时刻”。是啊，我们的国家的确还不富强，还存在着种种危险，因为我们的学生还在唱《义勇军进行曲》。

66 写信的人

人们常常问我为什么会成为一名作家。在不同的场合，我说过许多种理由，好像每一次的理由都不太相同，有时甚至相互矛盾。因为，那些理由没有一句是真话。

真话一直装在我心里，这么多年过去了，我没敢告诉任何人。因为我也拿不准，这些话该不该说出口。

去年回老家看我妈，突然发现我家后面那片树林子没了，被谁家铲出了一片平地，说是要建养猪场。我大惊，问我妈：“怎么不早告诉我一声呀？”

“这地儿又不是我们家的。”我妈奇怪地盯了我两眼，“再说了，你一年到头在外面漂，我告诉你这些干什么呀？”

想想也是，我只好把自己的话打住。但我再也无法安宁，我想，那件事就是一颗种子，在我心里生根发芽，长成了一棵树，快把我戳穿了。

那一年我七岁，刚上村小。有一天，二叔突然很神秘地拉着我，问我会不会写字。我拍着胸脯，说写字，没问题。

他显得非常兴奋，蹲下来，望了望四下无人，就很把我当大人地说：“你以后就帮我爹写信。”

我很激动，刚准备一口答应，突然觉得不对劲，像呛了一口凉水，问：“你为什么不写？”

二叔其实不是我叔，就是我邻居，我管邻居都叫叔。八乡四邻，就数二叔有文化，出出进进怀里总是抱着一本厚厚的书。我对他喜欢得一塌糊涂，因为他闭着眼睛都能讲出许多让我张大嘴巴的故事，还能写出许多好看的字。

可是，大人们都不喜欢他，说他脑袋有毛病，有点二，说话天上一句地下一句，不着调。大家都管他叫“二叔”。

我偷偷摸进过他的房间，去翻看那本厚书。他进来发现了我，一点也不生气，还笑着拍拍我的脑袋，说：“二小子，书拿倒了。等你认识字了，就知道倒着是看不出什么东西的。”

他都知道书该怎么拿，可见他是有文化的。他让我这个刚认识字的帮他爹写信，该不会是在逗我玩吧？

从他的眼珠子看，他不像是在逗我。他要逗我，眼珠子就会望着别处。他说话的时候，眼珠子是盯着我的，他的眼珠子不会骗人。

“我也写呀！”他指了指天，“不过，我是在那里写。”

“你要上天吗？”我一点也不怀疑他会有这种想法。

他经常会说山外面是城市，那里的房子是叠加起来的，一间爬到另一间的头上；那里的路下了雨也不会粘泥巴，总有一天他要出去看看。所有的人听了他这疯话，都只送他两个字：做梦！

可他那一天真的做梦了，他说："不是上天，是去城市。我要去了城市，可能很多年都回不来，我唯一放心不下的就是我爹。我会在那边不停地给他写信，这边，就靠你了，嗯？"

他爹也是够让人不放心的，听不见别人说话，也不会说话。我从会睁眼睛的那一天，就看到他是一副傻笑。真的，他冲谁都傻笑，不管别人说什么，他总是傻笑。所以，大家都叫他"二爹"，我辈分低，就得叫他"二爹爹"。

我很为难地望着二叔，说："二爹爹又不会说话，我怎么帮他写呀？"

二叔早就想好了，拍拍我的脑袋，说："不用他说，我会在来信里面问，你就回答。"

"你要问得太难，我答不上来，怎么办呀？"我还是不敢写。

"放心，二小子，我会问最简单的问题。"

"可是，你一走，就没人给我讲故事了……"我不知怎么搞的，哭了起来。

这时，他竟然拿出了他的宝贝收音机，让我别哭，送给我。我一下就不哭了，不是喜的，是吓的。我的天哪，那时的收音机是个什么概念，这么说吧，就像现在大街上的劳斯莱斯。

我还记得他用全部的积蓄买回收音机的时候，全村人都在笑话他，背地里骂他是个败家子，从此，大家更坚信他是个"二"。

他却一点也不为这感到羞耻，还常常拉着我说，有了收音机，就知道山外面是什么样子了。我不信。他又说，他给我讲的许多事情，就是收音机告诉他的。我有点信，因为那个黑盒子会说话。

二叔很真心地把收音机塞到我手里，我再不答应，我就真是二了。于是，我什么也不管了，只管点头。

二叔笑了，站起来，进屋拿了背包。二爹爹还以为他儿子要走亲戚去呢，一脸傻笑地送他出门。

只有我知道二叔要走了，到一个比天上还远的地方去。可是，他不让我送。我就偷偷跟在他身后，远远地躲着，望着他走过了一道山梁又一道山梁。我一辈子都记得，他的心肠是那么硬，甚至回头多望一眼都不肯。那一刻，我多么希望他就是我亲叔呀！那样，我就可以哭着喊着，让他带我一起走了。

二叔走了，到城里去了。这话是我先告诉我妈，我妈又告诉了李婶，大家奔走相告，很快就传遍了全村。每个人脸上都露着笑，就跟谁家要娶新娘子差不多。

喜气过后，就没有谁再谈论二叔了。只有我最惦记他，我每天抱着他的收音机，躲在屋后小树林里，听里面发出各种声音，真是又喜又怕。我怕我妈发现了，非打死我不可。听着他的收音机，当然就想着写信的事了。可是，他的信怎么还不来呢？

我心里存不住事，放学之后，干脆就跑到村头的大树下，守着进村的路。送信的一百年也不来一回，他要来，就必须走村口。

村口人少，正好偷听收音机。直到有一天，收音机沙沙了两声就再不响了（跟人一样，说话多了，嗓子就哑了），送信的才出现在村口。我连忙把哑巴收音机藏到书包里，迎上去要信。

送信的是个秃头，跟二叔差不多高。他从背包里取出一封信，递给我，说："是二爹爹的，你要送到呀！"说完，转头就想走。

我急了，喊住他，说："别走，我还没写信呢！"

"你写什么信？"

"我要帮二爹爹写信呢！"我很傲气地仰着头。

秃头笑了，说他正好渴了，跟我去喝口水，等我写完信，就带走。

我们一起来到二爹爹家，我给二爹爹念信。他当然什么也听不见，只是望着我傻笑。我念了一通他听不见我也认不全的字儿，后来就遇到问答题了。

第一个问题是，癞巴子还好吧？

癞巴子是二爹爹养的一条狗，得过一场大病，身上的毛都掉光了，后来长起来一些，还是有一块一块的光秃。我铺好纸，跑到院里望了一眼晒太阳的癞巴子，就回来写"癞巴子很好，在院子里晒太阳"。当然，有些字是用拼音代替的。

第二个问题是，小仙女们还好吧？

小仙女就是指那些鸡，其实他家的鸡不都是母鸡，里面还夹杂着两只公鸡。鸡都好得很，有的跳到了饭桌上。我就写“都很好，最好的一只跳到了饭桌上”。

秃头早就等得不耐烦了，说：“你写信就写信，为什么到处乱跑，还东张西望？”

我没工夫理他，因为还有第三个问题，胖子还好吧？

胖子就是他家那头猪。我跑到猪圈门口，见胖子躺着一动不动，就捡起一根棍子，戳了它两下。它一下站起来，躲到一边。我非常高兴，跑回屋里写“胖子在睡觉，被我吵醒了”。

写完信，我认为自己做了一件天底下最了不起的事。可是，秃头一点也不高兴，他一脸疙瘩地望着我，说：“你光给我信有什么用呀？我还得帮你买信封买邮票贴上，那都得花钱。”

说到钱，我可就为难了。二爹爹肯定是没有钱的，就算有，他肯定也是不会拿出来的，他能为一分钱跟人拼命。更何况，他根本就不知道我们是在给他儿子写信。

我绕着屋子跑了三圈，也没见什么值钱的东西。不过，我把自己的脑袋跑活了，很快就想到了书包里的那个哑巴收音机。我偷偷把秃头拉到门外，很小心地掏出收音机给他看。我是想借给他听，反正已经不出声了，他爱怎么听就怎么听。然后，求他帮我把信发出去。

他一下就跳了起来，一把夺过收音机，大声问：“你是从哪里弄来的？”他那样子就像在喊捉贼。

他把收音机举得那么高，把二爹爹招过来了。二爹爹当然认得那是他儿子的，就哇呀哇呀大叫着，要夺秃头手里的收音机。秃头把收音机举得更高了，谁也捞不到。二爹爹不停地跳起来，就像要摘树上的果子，可总差那么一点。

一见这架势，我就大哭起来，喊："妈呀——这是我的，我的……"

我真不该喊我妈，我妈听到哭声就赶过来了，跟在她屁股后面的还有许多人，大大小小的，都像赶着看好戏。

我妈上来，二话不说，用一只手提起我的衣领，另一只手就狠狠地扇我的屁股，还不停地骂："个欠捶的，我叫你偷，叫你偷……"她真是下了狠手，没几下，就打得我哭不出声了。

秃头连忙把收音机塞给二爹爹，冲过来，隔开我妈，说："你自己的孩子，不想要了，我领走！"

我妈就狠狠地在我头上扇了一巴掌，才住手。我妈是个相当讲道理的人，她总说人可以穷死饿死，但不能偷。她还说，从小偷针，长大偷金。我想告诉她，我没偷。可是，我说不出话，我连哭都哭不出来，嘴张得再大，也发不出声。

秃头连忙拍着我的背，好半天，我才哇地哭出来。秃头就小声哄我，说："好了，你妈不怪你了！"

我才顾不上我妈呢，一把鼻涕一把泪地哭着，四处找那张信纸，最后在门槛边上找到了。

秃头连忙接过去，说："好了，你不哭，我就帮你发出去。"

我真的就不哭了，非常突然，就像一头猪撞在墙上那么突然。我望着他，拼命忍住，不让自己的哭声传出来。他一下就笑了，说："算了，你还是哭吧，这样会憋死的。"

我也笑了，笑得一塌糊涂，大概有一半是哭吧。

秃头走了，带走了信。我偷收音机的事也在村里传开了。

从那以后，我还是每天放学往村头跑，不是盼信，是盼二叔。他回来了，就能告诉我妈，收音机不是我偷的。

二叔没回来，秃头来了，又带来了一封信。这回他不敢跟我进村了，说上次闹得动静太大，他怕了我了。

我为难了，说："我要写信给你呀！"

他很认真地摸着秃头想了一下，他那秃头也挺厉害的，很快就想出了办法，说信不着急写，等他下次路过，再带走。

我觉得这样也不错。可是，他又加了一句，下次可不能免费寄信了。我马上又觉得他不是什么好东西。

我不敢再去给二爹爹念信了，就自己躲在一边拆开看。二叔写的和上次差不多，最后的提问也是一样的。这我就放心了，二爹爹听不听都不要紧了，我也可以闭着眼睛写信了，就跟上次差不多嘛！

信写完了，秃头还没来。我又对癞巴子、小仙女和胖子有点不放心，就偷偷转悠过去，远远地看一眼，都正常。

秃头来的时候，我就让他在村头等着，然后跑回家对我妈说，秃头想吃我们家的南瓜，有时候说想吃茄子，有时候说想吃辣椒。反正家里有什么，我就说什么。我妈都答应给。她也知道秃头在帮我送信。

有一次，我正在家里写信，二爹爹突然就闯了进来，吓得我一把将信抓成一团。二爹爹根本就没看信，拉着我就往外走。

我这才后悔把辛辛苦苦写的信抓坏了，他根本就看不懂信的。

他一直把我拉进二叔睡觉的房间，指了指床，又指了指我。我知道他是在问我，二叔到哪里去了。可是，我不知该怎么回答，就只好乱摆手。

他更急了，抓起床头的收音机塞给我。我知道他是说，只要我告诉他，他就把收音机送给我。我太想要了，又不敢要，再拿着收音机回家，我妈不打死我才怪。

就在我犹豫的时候，二爹爹突然给我跪下了。我吓了一跳，连忙拉着他的手，来到屋外。我终于想起二叔走的时候，指了指天，于是，我也学着指了指天。

二爹爹好像一下就明白了，蹲在地上，呜呜地哭起来。这是我第一次看到他哭，一个不会说话的老人，哭起来是很吓人的。我一刻也不敢停留，转身跑开了。

从那以后，二爹爹再也没对谁傻笑过了。他的脸上就像钉了钉子，皮撑得紧紧的，见谁也不打招呼了，跟没看见一样。我妈说，他活不了多长时间了。

二叔的信还在来，我还得写信。我写信只回答三个问题，就是癞巴子好，小仙女好，胖子好。他也从来不问二爹爹好不好呀，我就没有回答。

后来，我想了一个办法，干脆一次写了好多张纸，每张纸上的内容都是一样的。等秃头来的时候，我就拿一张交给他。

记得那天放学回家，二爹爹家门口围满了人。我想过去凑凑，我妈一把扯住我，推回屋里，让我老实写作业。我还伸着脖子望，我妈就说："二爹爹死了，没你的事。"

二爹爹真是我的一件大事，他死了，就真没我的事了。我本来想直接写信告诉二叔，二爹爹死了。可是，他的来信还是老样子，只问癞巴子、小仙女和胖子，一句也没问二爹爹，我只好还是把我已经写好的信寄给他。信都写好了，不寄多可惜呀。

可是，后来不对劲了。二爹爹一死，他的房子就没人敢进去了，大门关得死死的，门口很快就长出了草。在草长出来之前，已经有几个人过来，把癞巴子吊到树上打死了。癞巴子吊死之后，嘴巴张得很大，好像在喊二叔回来救命。小仙女们也被用麻袋装走了，胖子也被牵走了。反正没有留下一个活物。

我突然觉得二爹爹的房子像个坟场，绑在我家旁边。我每天都不敢正眼往那边看了，也不敢把这些写到信里。我还是把那些早就写好的信交给秃头。秃头每次接信的时候，眉头都皱到一堆了，好像他早就送信送得不耐烦了。好在从二爹爹死了以后，秃头再也没要我家的南瓜、茄子了。

我事先写好的那些信，很快就要寄完了，我非常担心，往后再怎么办？我得重新写信，再写癞巴子好，小仙女们好，胖子好，我可写不出来。写前些信的时候，它们确实都好，是我没算到它们后来会不好。可现在我再写它们都好，就是在骗二叔。我还有个最大的担心，二叔万一哪天回来了，就会知道癞巴子它们都不好，我该怎么办？

我一担心，事就来了。我接到了二叔的最后一封信，和前面的都不一样，就五个字：我要回家了。

这件事我谁都没有告诉，我自己也吃不准，是该高兴还是担心。不管怎么样，我放学后还是跑到村头，不是等秃头，是等二叔。

等了十多天，眼睛就望花了，才望到一个人影往村口来。我迎着奔过去，近了才看清，不是二叔，是个瘸子，不拄拐杖，走路一上一下，身后的背包就跟着乱晃荡。

他说他是二叔的朋友，想见二爹爹。我告诉他，二爹爹早就死了。他不信，望着我，说："信里面不是说都好吗？"

我不得不把写信的过程告诉他。我以为他会责怪我，谁知他蹲在地上捂着脸哭了起来。

哭完以后，他就讲了一件让我打破脑壳也不信的事。他说二叔根本没有进城，在翻过第三道梁子后，就饿晕在路边。瘸子救了二叔，带着二叔一起在煤矿里挖煤。他们俩很谈得来，成了无话不聊的朋友。就在大半年前，煤矿出了一次事故，他们俩都被埋在地下，被人挖出来的时候，二叔已经死了，瘸子的腿断了，就成了瘸子。

瘸子本来早就想送二叔回家的，可是，他的腿脚走不动，养了大半年，这才刚能走路。在养腿的时候，他不想让二爹爹挂念，就替二叔写信。二叔以前的信都给他看，所以，他知道写些什么。他一直瞒着，不说二叔死了，想今天来给二爹爹磕头赔不是，没想到二爹爹已经死了。他大概是因为没法给二爹爹磕头，才哭的吧。

我很好奇，他是怎么送二叔回来的，二叔人呢？他不作声，让我先带他回家。

我带他到二爹爹门口，不敢往里走，是他上前推开了门，门上的灰扑了他一脸。他没太在意，伸手在面前扇了几下，像赶蚊子。然后，他放下背包，在屋里转了一圈，好像在找什么人。

我就站在堂屋里望着他。他从背包里双手捧出一个封口的坛子，比我家的泡菜坛子还小一点。他把坛子放在靠墙的饭桌上，后退两步，跪倒在地，磕了三个响头，说："兄弟，我只能送你到这里了！"

我非常好奇，问："二叔那么大个人，怎么能装进这个小坛子里呢？"

瘸子爬起来，拍了拍手上的灰，说："这里面装的是他的魂魄。"

我吓得倒退一步，绊倒在地，撞开了二叔房间的门。我侧头向里望，大吃一惊，收音机竟然还端正地摆放在二叔的床头。我一下忘了害怕，连忙爬起来，去拿来收音机。

瘸子接过来，拨弄了两下，问："想听吗？"

我点头。

他说："你答应看好二叔的魂魄，不让别人打搅，我马上就帮你修好。"

我使劲点头。

他从背包里取出个手电筒，倒出一节电池，装进收音机，就出声了。他说，是电池没电了。

瘸子走了，我又可以偷偷听收音机了。不过，我没忘记他交代的事，看好那个坛子。每天放学，我都会偷偷溜进二叔家，看那坛子一眼，才放心地出来。

可是，有一天，不知谁家的牛顶倒了二叔家的一堵墙，大人们就商量着要把这房子拆掉。我是从我妈嘴里听到的，当天晚上，我就溜进去，抱着坛子进了屋后的小树林。我在树下挖了一个坑，把坛子埋下去。

没事的时候，我就到树下听收音机，我想让二叔也听到。

二叔说的一点都没错，听收音机，就知道山外面是什么样子了。我就是一边听一边想着山外，最后才决定像二叔一样离开。

我比二叔走得更远，真正来到了城市。我到了城市，干过许多活计，没有一刻让自己闲着。我的工友们白天累个半死，夜里睡得更死。

可我不行，白天不管多累，夜里总会做梦，而且做同样一个梦，梦见自己在不停地写信。后来，我有点受不了在梦里没完没了地写信了。与其在梦里写，不如醒着写。我就找来笔纸写。

说来也怪，从那以后，我就不再做写信的梦了。

我成为作家完全是个意外。我相信，我还是一个写信的人，我的信永远只写给一个人——我的二叔。

67 初到武钢

刚从黑龙江商学院毕业分配到武钢，觉得红钢城是个好偏好远的位置。报到的时候，住在华中师范大学一个朋友那里，每天要坐好长时间的车才能到武钢。

分配结果出来，在职工大学第一栋楼后面的窗口下，排长队，等着里面的人念“××金山店”，就有人狂晕。如果念到市内的厂区，就有人狂叫。那时我还不懂这些意思，就听到了“快餐”两个字。有人拍着我的肩膀说我好运气，我却纳闷儿，武钢除了钢铁，竟然还有快餐。

坐着带辫子的电车前去报到，司机一眼就认出我是新来的，问我分到哪里了。我说快餐。她说太好了，车正好从厂门口过。后来，她就把车停在正对厂门的位置，让我下车。下车才知道那里并没有车站，我有点明白了，快餐是个很受人待见的厂。

分配宿舍的时候，房管员问我想住到哪里。我说随便。

就住进了铁铺岭，两人一间，和我同房的是一位四十多岁的准单身（他老婆孩子在乡下）。开始觉得很好，上班近，走路只要十分钟。可一久，就感觉不对劲了，空气太差，天上都是黄云，每天窗子关死了，桌上还是会落一层铁粉灰。于是，第一次有了要改变环境的想法。

那时我在米饭部冷冻班倒班，没事就跑到门卫坐坐，和一个叫陈航的很聊得来。他听到我的想法，就说“我来帮你办”。我以为他是随口说说，可有一天下夜班，他突然拦住我，带我去见房管员。在办公室聊了半天（主要是他聊），房管员答应帮我想办法。

出了办公室，我连声感谢他。他说，谢个屁，八字还没一撇呢。我纳闷儿了，刚才房管员明明说帮我想办法的。他笑了，说让我听他的，这样这样。按他说的，我去买了一条芙蓉烟，用报纸包严实了，瞅准无人，提心吊胆地跑进办公室，塞给房管员，转头就跑了。

该说的说了，该做的做了，可是调宿舍的事还是迟迟没有音信。更要命的是陈航要到日本去了，以探亲的名义一去就不回了。陈航正忙着办出国手续，忙得跟不紧气的老板似的，我想找他探听一下宿舍的消息，根本抓不着人影。

有一天我上夜班，陈航突然跑到我班组来了。我吓一跳，以为他是来告别的。他告诉我一个好消息，说宿舍有眉目了，就这几天。我就纳闷儿，他这些天到底是在跑出国，还是在跑宿舍？应该是两不误吧，他的航班是某一天下午，就在这天上午，他跑来把宿舍红单交给了我，是红钢城十四街单身区。我接过来，就算是跟他最后的道别了。真后悔没到机场去送他。

住进十四街，三人一间。空间小了，但心情爽呀。每天我就趴在属于自己的角落里，对着台灯看书写字，为早日实现作家梦而玩命奋斗。好在同房的两个都不打扰我，A 在热恋，很少落屋。Z 是麻迷，每天回来都是凌晨。

不久，A 就结婚了。我们是由衷地祝福他的，因为他腾出了三分之一的地方供我们俩重新瓜分。后来，我又结婚了，真是便宜了 Z，让他一个人独占空房。等 Z 结婚的时候，我去帮他操办，心里还惦记着我们的宿舍，就问："你走了，还有人住吗？" Z 答："你真是吃咸萝卜淡操心。"

我确实是操淡心，因为我也清楚，谁还会用得着那个宿舍呢？

68 我和《武钢文艺》的缘

这是一段关于我个人的经历。

1991年，我从工科大学毕业，分配到武钢快餐食品工厂，在米饭部冷冻班倒班。那时，我还是一个正宗的文学门外汉，但对文学有一种非常的热爱，类似于当下人们对金钱的爱。

1992年，一个偶然的机会，我在《武钢工人报》上看到武钢文学院招收学员的消息，地址是在武钢职工培训学校。我就向同事打听培训学校在哪里，同事非常热情，不仅帮我打电话咨询，还为我画了一张路线示意图。我就在那张图的指引下，顺利找到了武钢文学院，并成为文学院正式成立之后的第一批学员。

文学院由杨杏老师负责，在他的带领下，一大批如我这般的人都像模像样地学起了文学。我永远都记得开学典礼那天，我坐在教室最后面的角落里，看着眼前黑压压的脑袋，还有讲台上一长排面朝我的嘉宾，心里那个后悔——早知道有这么多人都爱文学，我真不该来呀。

讲台上的人都坐着，一个中等个子瘦瘦的男人突然站了起来，杨杏老师就指着他说："这就是董宏量。"大家都鼓掌。我根本就不知道董宏量是谁，但怕别人说我孤陋寡闻，也连忙跟着鼓掌，而且掌声响亮，就像见到了自己梦寐以求的人。

后来听说那天《武钢文艺》的全体成员都到了，但我一个也对不上号。很长一段时间，《武钢文艺》的门朝哪边开，我都不知道。可是有一天，同寝室的赵强告诉我，说《武钢文艺》有个姓蒋的老师到宿舍找过我，让我抽空去一趟。天哪！没几个人能想象出我当时的心情：大致类似于一个人买彩票中了500万，心都激动得喷血了，还不想让人知道。

第一次迈进《武钢文艺》的大门时，我的左手肯定是和左腿同步的，而且进去之后，不管蒋老师怎么说，我就是不肯坐下，他只好和站着的我谈话。谈的是关于我的一篇散文，名字叫《家》，其实我并没有全部听清他的话，但只要他嘴里发声，我肯定点头。我表面镇定得像个领导听汇报，心脏却早都紧张得快早搏了，背上的汗像虫子一样往下爬。

我走出那道门之后不久，我的处女作《家》就在《武钢文艺》发表了，责任编辑叫蒋育德。

文学院快毕业的时候，杨杏老师请来《武钢文艺》的一个编辑给我们讲课。那人坐在上面根本不给我们正经地讲文学，专讲他走黄河走长江的经历。我听来听去，就明白了一个道理：原来当编辑可以公款到处跑呀，真过瘾！后来一打听才知道，这人叫罗时汉，擅长自费旅游。原来，他天南地北地跑，花的都是自己的钱，真是没水平。

就是这个“没水平”的人，后来从我200首顺口溜中挑出了8首，在《武钢文艺》隆重推出。我因此有机会参加了1993年的《武钢文艺》笔会，并从此与《武钢文艺》开始了越来越多的交往。

很长一段时间，我都是个“一人吃饱全家不饿”的单身汉，所有的业余时间都花在了创作上，作品一篇接一篇地往《武钢文艺》送，搞得编辑老师看不过来。董宏量老师夸我聪明，我只能笑，因为只有我自己知道，我是笨鸟先飞。

1995年开始在外面报刊上发表作品时，心里就把自己当成作家了，一心想往文化单位钻。那时我在快餐工厂其实混得很不错，放弃了专业，到厂办当了秘书，而且厂长对我还不错，前途十分美好。可是，一个人一旦迷上什么，他的价值观肯定就不能用常规来解释了。我最终能从快餐工厂进入《武钢文艺》，还是董老师的错爱，是他帮助我完成了我人生的一个最关键的转折，所以，我这一生必须感谢的人当中肯定有他。

在这里，我很想提到一个人，她的名字叫孙远。我和她是武钢文学院的同学，后来，她很快就飞出了武钢，在武汉市的几家报刊闯荡。有一天，她突然给我打电话，说：“你怎么还在老位置没动呀？”我说出了许多理由，但说完之后，还是觉得自己底气不足。我就暗下决心，一定要做出一点成绩让她瞧瞧。可惜她没有等到我做出一点成绩的这一天。有一天，有人告诉我，说她已经死了。老天真是不长眼，全世界那么多人，为什么偏偏选中了她呢？从那以后，我的人生观有了微妙的变化，简单地说，我觉得我从那以后的时间似乎都是赚的，所以，做事情比以前要放得开了。

放开了，天地就宽了。这是我最后想说的一句话。

69 我的文学生涯

千万别以为我是什么大作家，如果你硬要说只有大作家才配谈文学生涯，那我就告你“种族歧视”。其实文学并不是少数几个名作家的事，从本质上讲，文学应该是每一个人的事，不论你是挖泥巴的还是爬脚手架的，是站在黑板前说话的还是对着电脑发呆的，总之，每一个人都能与文学有深深的关系。文学就在你心中。

1987 年夏，我上高三理科班，在距高考只有一个星期的时候，我跑到当阳县雄风诗社，呈上一份申请，并马上被光荣地接纳为会员。这是我一生中加入一个组织最神速的一次，但后来，比这更神速的事情发生了。我的正式申请表还没填写完，班主任就赶到现场将我抓了个正着。表自然没填完，诗社再也没去过了。

大学四年我学的是制冷专业，毕业时，同学们都在为找工作忙得团团转，我却突然宣布，我以后一定要搞文学。大家惊呆了，因为谁都知道我的专业学得特棒，而对于文学，我只是一个门外汉。为了打消大家的疑虑，我潇洒地挥了挥手，说这没什么，我一直真正喜爱的就是文学，当然，我现在对文学还一无所知，但我会用我的后半生去了解它。一个人如果用毕生的心血去做一件事，不成功的概率是很小的！

就这样，上班之后，我一边干着我的制冷专业，一边全心地投入文学之中。这并不矛盾，上班时，我勤勤恳恳地工作，客观地说，我对工作很称职。下班之后，我把自己关在单身宿舍里，或阅读或写作，进入一种忘我的状态。平心而论，我不认为自己有文学天赋，但凭着勤奋和对文学的热爱，我写出的作品很快就像那么回事了。

我这一生必须感激一位主编，是他排除种种阻力，将我调进杂志社当了一名编辑，从此，我不仅可以从事我热爱的工作，而且还有大块的时间投入写作。我以为我走上了人生的金光大道。

在1997年以前，我写的都是成人文学，一直默默无闻。1997年，我以一篇《玫瑰使者》敲开了儿童文学之门，当年就被《儿童文学》招到鲁迅文学院，参加了全国首届儿童文学青年作家班学习。短短两年，我的作品不仅能在全国儿童文学刊物上频频亮相，还出了自己第一本书《神秘的大胡子》，发行过万。渐渐地，我感觉到自己在儿童文学方面还是很有天赋的。

人生三部曲：结婚、生子、买房子，我在短短的三年里全部完成。别以为我是在夸自己能干，我是说像我这样一个白手起家、工资微薄的人，在完成这三部曲之后，必然要落下累累债务。我现在经常教儿子唱《蜗牛与黄鹂鸟》，每次唱到“蜗牛背着那重重的壳呀，一步一步地往上爬”，我就会想到自己。小说可以任意修改，现实却必须面对。如果就我一个人，勒勒裤腰带，挺过去拉倒，可让老婆孩子都跟着我勒裤腰带，心里总不是个滋味。于是，钱字几乎挤满了我的脑袋，炒股做生意吧，没本钱，唯一的出路就是给别人打工。凭借文字功夫，我辗转几家广告公司，但收入并不是像想象的那么高，工作却比想象的要累。最终一一辞退，一直退到自己没有路可退了。

天无绝人之路。此话不假，就在我走投无路之时，一位朋友找上门来，拉我一起办个写作培训班。他有教学经验，我有写作经验，两人联手，天下无敌。经他一讲解，我觉得此计甚妙，于是欣然前往。一段时间下来，办班的效果还真不错，经济效益和社会效益都达到了预期的目的。

忙碌之余，我偶尔会感到一阵心慌，那一定是我想起了文学。但仅仅是想想而已，就像牵挂老家的父母，又能把她们怎么样呢？

2001 年 7 月，全国儿童文学笔会在浙江千岛湖举行，我接到了通知，并硬着头皮去了。整个会议的形式都是大家熟悉的，交流发言，鼓掌微笑。但有一幕你可能一辈子也无缘目睹：《儿童文学》杂志的赵霞编辑发言，说大家能在百忙之中，在重重压力之下坚持为儿童提供纯粹的精神食粮，她本人无比感激。说完，她竟站起身来，深深地给我们鞠了一躬，绝对是

90度的。我一下镇住了，我的心仿佛被折成90度，泪水忍不住冲到了眼眶边上。

我终于明白了，在这个世界上，不止我一个人深爱着文学，也不止我一个人肩负着生活的重压，我没有理由停止写作，更没有理由放弃。

从千岛湖回来，赵霞那一鞠躬久久地刻在我的脑海里，挥之不去。夜深的时候，我常常会问自己为什么会爱上文学，可是，没有答案。我倒是回忆起了当年去申请参加雄风诗社的一个细节：当时，我找同学借了一双皮鞋，皮鞋比脚大一号，走起路来样子很滑稽，但并没有影响我的心情，因为那是我生平第一次穿皮鞋。

这一幕能不能算是我与文学的写照？我不知道。但我确实觉得自己应该再次穿上那双大一号的皮鞋，走进梦里，重温一下当时的心情。那一刻也许是最美好的，就为了那一刻，我应该把梦做完。

我又开始为自己拟订创作计划。再现实的人，夜晚都会做梦，所以，我不妨一边做个现实人，一边做个寻梦人，将自己的梦进行到底。

70 才华横溢

那是1997年夏天，我们一帮年轻人在鲁迅文学院参加“全国首届儿童文学青年作家培训班”的学习。我们的班长是祁智，班主任是关登瀛老师。

我粗略地了解了一下，就把我吓得够呛——我们这个班上人人都战绩卓著。祁智是《小说月报》和《小说选刊》的“常客”，中国文联的领导见到他就直拍肩膀；星河每年能出十来本书，还不算报刊上的连载；向民胜已经在策划他那套后来获了国家大奖的“生命状态文学丛书”；安武林号称每月稿费最少2000元；李志伟正酝酿着辞职从事专业写作的计划；至于彭学军、张玉清等一长排名单，都是夏季的雷声，捂着耳朵也能把人震晕。

只有我是绝对的新手，完全是《儿童文学》主编徐德霞老师错爱，拉我来见世面。面对众多才华横溢之流，我纵然垂涎三尺，也只敢把口水往肚子里咽。

大家都有自知之明，后来使用最频繁的一个词果然就是“才华横溢”。三人一群五人一伙，在一起聊天，一不注意就会有人说出这个词。我听着怎么就觉得变味了，原来，这个词已经被附加上“表现失常、神里神经”的意思。

所以，我在这里提醒各位，如果遇到我们那一届学员，如果有幸被扣上“才华横溢”的高帽子，你千万别偷着乐，因为那不是夸你，而是损人呢！

事隔八年，再回首，关老师已经功成身退，祁智荣登社长宝座，向民胜在深圳开起了自己的公司，安武林也成了举足轻重的京派人物……

大家都以各自的才华在不同的领域做出了令人羡慕的成绩，谁能说他们不是才华横溢呢？所以，八年之后，我想给“才华横溢”平反，让它还原本来的意思，用来赞美我们那一批学员，应该是再恰当不过了。

71 跑，就好

马拉松是什么东西

马拉松？开什么国际玩笑？

2012 年的一个晚上，我们大学同学在 QQ 群里闹着要报北京马拉松。马拉松对我而言，实在陌生又遥远，还不如诺贝尔，亲切又实在。于是，我没掺和，默默地围观。

这事还是有征兆的。2011 年 10 月，我们班回母校搞了一个毕业二十年聚会，其间，北京的李峰就提到过马拉松。他的外号就叫疯子，什么马拉松牛拉紧的，这种疯话我当然没有当真。没料到就在当年的 11 月份，他真的参加了北京马拉松。我们班好几个同学专程从全国各地赶到北京，站在终点，等待着他。他竟然没有辜负大家，在六小时之内跑完了全程，拿到了一块奖牌。

照片在群里发出来了，有一张是，同学们穿着我们班的足球队服，一字排开，扒在栏杆上张望，一张张背影让我心中有一股莫名的感动。我有点后悔了，我完全应该站在那些背影当中啊。

围观者往往会被卷进中央。这是真理。有人突然冲我喊话了：“来吧，报个名吧。”

“多远呀？”

“全程四十二点一九五公里呀。”

我顿时吓得两腿发软，连连发出几个汗脸。

有同学劝我说：“来玩玩嘛，就当是一次同学聚会。”

这话有说服力，可我还在犹豫：“不会报名。”

“报名，领装备，一切你都不用操心。”

还有什么可推脱的理由呢？就这样，我被报了名。

临近比赛日期，武汉市作协在蔡甸开长篇笔会。这个笔会已经举办了十多年，我是第一次参加，非常珍惜。可是，北京马拉松已经报名，我不得不中途离会。

那时，天已经很冷，笔会中我突然着凉，发高烧，拉肚子。拖着箱子往火车站赶的时候，我只觉得浑身发软，头重脚轻。不管怎么着，先到北京再说，上不了跑道，就当是同学聚会了嘛。

也怪，在北京见到十多位同学，住了一夜，比赛日一早，觉得精神抖擞了。这些同学中，只有李峰跑过全程，其余的都是初次参赛，满怀着兴奋凑热闹的。还有一位同学李善旭从哈尔滨飞来，专职打酱油的（为我们抱衣服，做后勤保障工作）。

其实一见面，我就明白我这只鸟太菜了。人家都是专业的跑鞋，我穿的是一双专业羽毛球鞋，因为之前我已经打了近五年羽毛球了，跑步，基本没练过。

凭着打羽毛球的底子，心肺功能没有问题，一直到九公里处，我都觉得神清气爽。那时，我在心里暗喜：跑完全程没问题了。

不知深浅，就不能夸口。还没有到十公里路牌，我的两个膝关节外侧开始疼痛。我以为是错觉，或许忍一下就过去了，哪知痛感越来越明显，渐渐有些瘸腿了。我咬牙坚持跑到十二公里，实在受不了了，只好招手，上了收容车。

收容车上的志愿者拿着一支粗大的红笔等着我，在我的背后号码布上横着画了一道。那一刻，我有中枪的感觉，我的第一次马拉松就这样以失败告终。失败感肯定是令人沮丧的，但我更多的是觉得对不起同学们，他们一早就照顾我吃好喝好，叮嘱我沿途的注意事项。那么些同学专门做后勤服务，高旭还专门帮我在两个乳头上贴上了创可贴，说这很重要，长途奔跑，乳头会磨得流血。才十二公里，叫个狗屁的长途！

这一次我们班真正跑完全程只有两位，一位是北京的李峰，拿到了唯一一块铜牌（铜质的牌子，凡在规定的时间内跑完全程者都有，不代表第三名）。赛后的庆功宴上，我们每个人都戴着那块牌子照了相，真心为有这样一位同学骄傲。

另一位是来自西安的高旭，他是到达了终点，刚刚超时，眼睁睁地看着门被关上了。我们戏称他是失败者中最成功的，我知道那是怎样的一种悲壮和凄惨，可他摆摆手说，无所谓，我知道下次该怎么跑了。

一顿欢庆之后，我得赶返武汉的火车，这时，意外发生了——我的双腿站起来就不能坐下，坐下了就不能站起来。北京的同学老蔡一整天都在帮我们做后勤工作，见此情形，就专程送我到火车站。我说不行，走不动，更不能拖箱子了。他就去买站台票，然后，一直把我送进卧铺车厢，扶我躺下，才离开。其间，他一手拖箱子，一手搀扶着我下台阶，引得众人侧目。

躺在卧铺上，摇摇晃晃，像筛豆子，思绪就越来越清晰地浮现出来。痛定思痛，反而心里释然，何必看重成绩呢？又不是在校考试，以分数论成败。心一放宽，我倒想起了一件真正让我开心的事，就是撒尿。

早上七点，三万多参赛者就进入了天安门广场，一直到八点才开跑。广场上虽然有移动厕所，太少，绝大多数人根本就入不了厕。发令枪一响，我们首先跑过天安门城楼，顺着长安街向西，来到新华门。这时，意想不到的事发生了，有人（全是男人）突然跑出赛道，越过警戒线，冲到红墙脚下，紧接着，越来越多的人跟了过去，好家伙，大家一字排开，光天化日之下，众目睽睽之中，撒尿，把尿撒在了红墙上。

新华门前两个站岗的武警望了一眼，又回过头去，站得笔直。他们大概也没有办法制止，活人总不能让尿憋死吧！我也是在憋了个半死的时候，冲到墙脚下才又活了过来。那一刻就是觉得痛快，剥落了规范、道德、教养、羞涩等之后，回归到生理本身，是完全放松的一种快乐。这种时候对我来说并不多见，算是我首次参加马拉松的意外收获。也是从那一刻开始，我明白了，我其实是渴望做一个没有规范的人。就这一点，这次北马我就算没有白来。

拉上一个垫背的

第二年，郑开马拉松，我们班同学又组织报名了，我当然响应。

周宏贵是我的好哥们，20 世纪 90 年代初，我们就在一起谈论文学。后来，他下海做起房产中介，我们仍是无话不谈的朋友，隔三岔五总会约到一起坐坐。

就在准备奔赴郑州的前两天，我们又约到一起喝酒。杯起筷落之间，我说我要去郑州开封玩一趟，顺便跑个步，问他想不想一起去玩。

没料到他一口答应，主动买好车票，整好行装。时刻一到，我们就出发了。

和他相比，我已经算专业的了。不看别的，只看鞋。他穿的是一双旅游鞋，我已经穿上李宁的跑鞋了，不贵，三百多，但毕竟是专业的呀。为了进一步表现我的专业，比赛当天大清早，我帮他在两边乳头上贴了创可贴，并郑重其事地叮嘱，这很重要云云。其实，我在心里祈祷，但愿他天生就会跑，能一直跑到终点，那样，创可贴才有用。要像我上次，只跑个十公里就败下阵来，创可贴狗屁用都没有。

周兄没有报名，当然没有计时芯片，也没有号码布。芯片我只有一个，不能给他，号码布有两个，分给他一个。这样一来，我们俩就成了套牌车，一起混进比赛场。

从北京马拉松回来，这几个月我并没有好好训练，所以，心中仍是十五个吊桶打水，七上八下。好在这次拉了一个垫背的，有从没训练过的周兄一起跑，我心里踏实多了。

我的小算盘打早了点。周兄虽然没有训练，但底子好，跑起来明显比我带劲。十公里处，我已经有点力不从心，他还跑得兴起。我只好让他先跑，我再试着跟一跟。唉，没想到拉来垫背的也把我甩了。

痛又在顺着脚掌往上爬，好在双膝外侧还能忍受，我已经非常清楚，那里是止损点。趁止损点还没发作，我埋头向前，不知不觉竟然过了十二公里。那一刻，我真是猛地喜了一下，就像收到一笔稿费，展开一看，远远高于我的预计。

人逢喜事精神爽，一爽，又滑出去几公里。预料中的疼痛开始冲击双膝外侧，我的止损点啊。就在这时，我看见了周兄的背影，就咬牙切齿地追了上去，问他怎么样。他说受不了了。我说停吧。他抬头看了看，不远的前方就是一块路牌，说到牌子那里停吧。我没有异议，又咬牙切齿地跟着他一瘸一拐地踮到了牌子下，一看，是十六公里。真了不起，我足足比上次多跑了四公里，而且腿疼得也没有上次厉害。

这次，我们没有上收容车。我们跑的是郑州通往开封的一条宽敞平坦的马路，旁边有一条小路，郑州同学丁老大开着车，沿路等着我们。我们直接上了他的车。没有志愿者在我的号码布上画红杠杠了，我就没有挫败感，误以为这不是终止，而是暂停。

郑开结束，意料之中的是，跑完全程的仍然是李峰和高旭两个同学，而且都拿到了奖牌。意料之外的是，有一大批同学都跑完了半程。这也是很了不起的，好家伙，看来他们都在苦练，一上场都比我强呀！

回武汉之后，我跟周兄一商量，一致认为咱们得好好训练了，要不，大家水平越来越高，都不乐意跟咱玩了。于是，我们制订了周密的训练计划，每周三次，带着水，带着跑表，到理工大校园操场，像模像样地跑步。架势是拉足了，可是，每次跑到二十多分钟，就受不了了，得停下来喝水，歇气儿。折腾几次之后，好像适应了，就朝半小时冲击。这是个关口，我们用了约莫三个月才突破。能一口气跑半小时了，下一步当然是冲一个小时，更难，真还得要勇气和毅力。

也就是在这个时候，我接到《少年文艺》的通知，到周庄领奖。我想，这应该是我跑步中的一个机缘。正好赶上了什么文化艺术节，周庄以浓妆艳抹的姿态大旗鼓严阵以待，接纳着每一个自投罗网的游客。我觉得来的不是时候，这就好比我去拜访一位朋友，朋友正好登台表演，就算我能看到他的千种风情万种姿色，可就是不能看到一个平日里的他了。

四十岁以后的我，真的不爱看热闹了，从落脚的那一刻起，我就开始担心这一趟会很无趣。好在我是有备而来，出门之时就带齐了跑步的装备：一双专业的跑鞋，特意新买的短衣短裤。

入驻之后，第二天，天刚蒙蒙亮，我就悄声起床，穿上跑步的行头，出了旅馆，沿着马路向外跑。令我惊喜的是，没跑多远，就是一望无际的田野了，油菜花刚刚开过，绿色的底色上还有残存的黄色，也是一种人过中年的感觉。

田野中的马路修得很好，一直伸向远方，清晨，几乎没有行人和车辆，好像这一切只是为我一人准备的，奢侈啊！我岂能辜负？振作精神，来一次长途奔袭，没有对手，只有自己。

马路向前延伸，我在跑，不停地跑。太阳从远处的田野里爬上来，像是这世界唯一的观众，我在跑，不停地跑。渐渐地，有了行人，还有忽来忽去的车辆，我在跑，不停地跑……汗水越来越多，脑子越来越空，好像什么也没有了，就连自己正在跑步这事儿也记不起来了，跑步已经成了一种惯性运动，好像不管我脑子愿不愿意，腿都会一直跑下去。

一直跑下去。这种感觉棒极了，简直令我兴奋，因为我似乎从来没有意识到自己有这种无与伦比的力量。空白与兴奋交织着，我已经跑过了四十多分钟，浑身竟然还有的是劲，好像跑步本身就可以产生能量补给全身。

空白的脑子又活跃起来，仿佛每一个脑细胞都被唤醒，这时思考问题丝毫不比深夜躺在床上差。嗯，独自跑步真的是冥想的绝佳方式，这是我的又一惊喜发现。

跑，不停地跑。跑步多像我们的人生，平淡、枯燥、乏味，必须跑过很远很远的路程之后，你才能从中慢慢嚼出汁，才会体会到那平淡中的滋味，这时，你才忽然明白，平淡才是支撑你走完一生的动力。当一个人真正爱上平淡的时候，他的人生才会渐入佳境。

我足足跑了一个多小时，回到旅馆，大家还没有完全醒来。没有人知道我跑过步，更没有人知道，我在周庄已经收获了人生中第一次独自跑步带来的愉悦，从这一刻起，我可以说，我已经爱上了跑步。

我给周兄发了短信，说我在跑步，但我没有告诉他，周庄的这一次跑，对我是多么重要。

黑冷马群

初次看到这个名字的人都有些莫名其妙，甚至认为是在耍酷。其实，这是一个老实巴交的名字：我们是在黑龙江上的大学，学的是制冷专业，所以，就为我们班的马拉松群取名“黑冷马群”。

我们的口号也极简单，经大家讨论通过，定为“一起跑”。

参赛的时候，大家一起跑；在武汉，我和周兄一起跑。跑着跑着，没料到身边的跑友越来越多。早些年和我一起办培训班的徐明，从南湖跑过来见面，听说我在跑步，二话没说，回去之后，就埋头跑起来。他这一跑不要紧，南湖片竟被他带出一支队伍。

就是这样，一带二,二带四，黑冷马群迅速壮大起来。而其中一股重要力量就是来自武汉。

武汉的马友们常常会聚在一起拉练。因为大家都是生手，水平有限，跑不了多远。有一次，大家集中到理工大跑步，说是要拉一个半马。有一个林荫道，围绕着跑，一圈大概是一公里，半马就是二十一圈。跑到十多圈，徐明首先喊热，主动要求离场，去给大家买一个西瓜。等他提着切好的西瓜过来，大家都还没有跑足半马，就纷纷止步，抱着西瓜喊腿疼。

一双好的跑鞋对一个跑者来说非常重要。那时，我常常念叨这句话，被我的外甥听进去了。他是个网购达人，我只要是在网上买东西，全找他。那天，我正在跑步，他打电话给我，说网上有一款美津浓跑鞋做活动，原价九百多，现价六百多。问我要不要。我只犹豫了一秒钟，就决定要了。

货到之后，鞋一上脚，我就惊呆了——同样是跑鞋，差距咋就这么大呢？这双跑鞋那个舒适、那个轻便、那个弹性，真是没法形容。我只后悔没有早点买美津浓，从此，跑步我只穿美津浓。

我在聚会的时候，把跑鞋的心得和大家分享。没想到他们野心更大，都直奔跑鞋第一品牌“亚瑟士”，每人搞了一双一千多的。该武装的都到位了，再跑不好就找不到借口，大家都默默地训练着。

之后，我们又一起报过北京马拉松和重庆马拉松，可惜两次都是我临时有事，没能去参赛。武汉的马友们都有了不同程度的收获，拿回了真真实实的奖牌，要么全马，要么半马，只有我还两手空空。

儿子总是拍着我的肩膀，说："老爸，我看你还真是个打酱油的呢。"

我一点都不尴尬，因为我对跑步已经有了新的理解。我的水平肯定在提高，我和周兄每周三次，每次十公里，边聊天就边跑完了。停止的那一刻，血往上涌，脑门发麻，感觉爽透了。我常常说，就算不参加马拉松，只是这样每次跑十公里，也非常好。我愿意一直这样跑下去。

跑步还有一层乐趣也许是，我和周兄算志同道合的聊友。我们在跑步的过程中，会天南海北地聊，现实的烦恼，人生的方向，老子、陶渊明，巴别尔、《金瓶梅》……人生在世，知音难觅。我想，周兄就是我的知音。

在日复一日的坚持中，跑量在不断增加。跑量就是实力的保证，这在合肥马拉松赛场上得到了充分的验证。

合肥马拉松在 11 月份，可能是同学们都很忙吧，几乎都没有吭声，只有武汉的跑友们踊跃报名。我的同学朱德英作为东道主全程接待了我们，她是参赛者，服务的事就交给了她老公。整个过程服务非常周到，令人感动。

这次参赛，我还有额外的收获，见到了李志伟。李志伟是我 1997 年鲁迅文学院的同学，家住无锡，自由作家。他平时也跑步，听说我报了合肥马拉松，就马上报名过来陪我跑。

这次我报的是半程马拉松，因为从来没有拿过奖牌，心中十分忐忑。志伟已经拿过几个半程的牌了，赛前安慰我，说："别担心，你没问题，只要把速度压下来。"

我本来和他约好一起跑，可是一入场，人就冲散了。我就按自己的节奏跑，一路上空气好，景色好，心情好，跑起来比平时轻松了许多。志伟打来电话，问我到哪里了。我说五公里。他说，非常好，他还在我后面呢。我心里更踏实了，虽然他没有和我肩并肩一起跑，但我知道他和我在一条赛道上，他心里记挂着我。这是多么温暖的感觉呀！

正应了老马的话，赛场上往往会比平时跑得好。但是，半马对我来说，毕竟是个挑战，接近终点的时候，我已经感到浑身不适，大腿疼，小腿紧，膝关节僵硬。就在这时，我忽然看见前面有个熟悉的身影，哇，那不是徐明吗？那一刻，无异于打了一针兴奋剂，我扯开喉咙喊他，脚步也开始加速追赶。

他回过头来，喊声加油，然后，埋头奔跑。他显然也到了崩溃的边缘，只有坚守一个念头，才能继续跑下去。

我就望着他的背影，咬紧牙关，一直跑到了终点。他是两小时零一分，我是两小时零三分。我们都创造了最好成绩，相互祝贺。

这时，志伟也过了终点，一身黑色紧身运动装，分外健美。我们拥抱、合影，有完赛的喜悦，更多的是祝福。多么奇妙，我和他往往是在全国性的笔会上见面，谈文学聊家事，而现在，我们却在马拉松的终点会师。我想说，这与文学无关，因为马拉松是我生活的另一扇窗，窗口竟然有他。

这次武汉的跑友，只有我和徐明报的半马，其余都是全马。我们收兵了，他们还在奔跑。所以，我们并不轻松，还是焦急地等待着他们的消息。时间一分一秒过去，好消息一个接一个地传来:冷国刚到了终点,4 小时 27 分……徐超到了终点,4 小时 58 分……周宏贵到了终点，5 小时零 27 秒……

所有的参赛者全线通过终点，而且成绩卓著，远远超过了前面的探路者，微信黑冷马群里顿时爆炸了，全国各地的群友们都激动万分，群里更新信息像滚动屏幕，目不暇接，鲜花、掌声、祝福，铺天盖地。

更令人震惊的是，朱德英，4 小时 35 分，名列合肥市女子选手第 12 名，得到了一笔奖金呢。奖金啊，这是我们做梦都不去想的。这里要着重提一下我这位女同学，一年后的合马，她出战半马，1 小时 50 分，合肥市女子选手第 5 名，她让我想到了一本书——《天生就会跑》。总之，合肥一战，全线告捷，士气大振，黑冷马群从此步入了一个全新的时代。

第一次流泪

对于一个新马来说，全马是他的梦想，也是他心中的痛。我当然就是那个新马，虽然已经拿了一块半马奖牌，但跟队友们相比，我仍然觉得我只是个打酱油的。

再和周兄一起训练的时候，我总有一点仰视他的感觉。

他有了一次全马的经历，底气也足了，总是信心十足地鼓励我，说没问题，坚持练，下次一定行。

人就怕有目标，有了目标就玩命。武汉的冬天也是相当厉害的，裹着羽绒服出门，都会冻得手脚疼。但我们的训练没有间断，在理工大的校园里，青春年少的学生们缩在大衣里，来去匆匆，眨眼就钻进了楼里，像一只只急于躲藏的蟑螂。我们两个中年大叔却穿着单衣单裤，在他们身边一圈又一圈地跑，跑量不变，每次十公里，汗水不减，每次都湿透后背。

训练完毕，我们站在树下换衣服，脱掉上衣，光出上身，顿时热气腾腾，像刚出笼的馒头。那是最爽的时候，不远处有许多双眼睛在躲躲闪闪，又总要快速向这边一瞥。我们成了校园里的一道风景，仅供欣赏，也许会有个别的人因此而重新审视自己的生活——这是奢望吗？

每次出去参赛，就像一次考试，是对平时训练的检验。跑步是最公平的，平时的跑量决定了你在赛场上的状态，决无侥幸。而接下来又是一次郑开马拉松，将检验我训练的成果。时间，2015 年 3 月 29 日。

几年下来，队友们陆陆续续都拿到了全马奖牌，只有我还是空白。大家都希望我这次有零的突破。我接受美意，并当面拱手，拜李峰和高旭为师。这两个师傅也不含糊，争着抢着对我进行赛前指导。李峰为我提供了盐丸、能量胶等必需品。高旭讲解全马要注意的事项：起跑不要快，半道要拉伸，防止抽筋，注意补水，又不能过量……就像足球场边，一名替补队员马上就要上场，教练和助理都在面授机宜。我都一一记在心里。

已经是第二次了，我站在郑开起跑点，真是非常紧张。全马真的不是一件容易的事，无论我平时做了怎样充分的训练，当真正面对的时候，心里还是没有底气。

出发了，我做了几次深呼吸，让自己放松，强逼自己排除杂念，放慢脚步，尽量靠边上跑，不被滚滚人流卷进去。道路很平坦，时间很滑溜，一眨眼，半小时过去了，再一眨眼，一小时过去了……我在心里祈祷，膝关节外侧不要出现痛感，除此，一切我都能够忍受。

经过半程出口的时候，我心中泛起异样的波澜，就像船过从未经过的险滩，暗捏着一把汗，慢慢地，被欣喜取代。

欣喜之后，突然感到双腿明显变沉，庆幸的是，没有明显疼痛。那么，跑吧，不要停。我已经超越了自己，下面每一步，都是全新的。

全新的体验在三十多公里终于来临，那时，腿脚仿佛已经不属于自己，只是屁股下面的一辆单车，在机械地运动，不停向前。我很想停下来，但我对自己说不能，只要双膝外侧不发出红色警报，就要奔跑，咬牙向前。渐渐地，好像身体也不存在了，只剩下了头脑，其实头脑也可以忽略，让意念随风飘远。

前不久看过村上春树的《当我谈跑步时我谈些什么》，他在长途奔跑中把自己当作机器，疼痛自然消失。而我现在觉得自己机器都不是，完全可以幻化为无。

但我不是无，而是不断消耗能量的身体，腿脚越来越沉，只能小步跑，慢慢挪，拖着向前；脖子不对劲，腰不对劲，胳膊不对劲，浑身都不对劲……痛苦已经不是一阵阵袭来，而是像海水一样将我淹没，但我决不会放弃，因为路牌已经越来越接近 42 公里，我想跑到那里去看一看。

40 公里过后，好久好久，我觉得脚都迈不动了，可 41 公里还不来。我焦急地问路边的自愿者，41 公里在哪里？她指着前面，说上了坡就是。于是，我拼了命往坡上跑，其实已经不是跑，而是挪。但最起码我还保持了跑的姿势，还可以慢慢超过一些选手，我真心为自己喝彩。

四十一公里果然就躲在坡上面，在经过它的时候，我恶狠狠地骂了一句，我很想一路骂下去，可是不能，终点越来越近，观众越来越多，我是个文明人，是个文化人，是个作家，怎么能乱骂呢？要克制。

终点终于出现在眼前，观众山呼海啸地喊着加油。我哪儿还有油呢？恨不得就地歪倒。我又在心里骂了一句，就到了凯旋门下，抬头望，计时器显示的是 4 小时 45 分。一瞬间，眼泪夺眶而出，哗啦啦往下淌，止都止不住。

为什么？自从进了马圈，吃过那么多苦，受过那么多伤，我啥时候挤出过一滴泪？训练中，时而会脚疼，坚持跑，跑通了；时而会腿疼，还是跑，跑通为止；时而会浑身疼，疼得睡不着，屁都没放一个……现在为什么要哭？不知道，那就尽兴吧。那一次，好像我积攒了几十年的眼泪都流了出来，把我洗了个痛快。洗过之后，我觉得心底一片透明。

回望我的第一个全马，我总结了两条：一定要耐得住最初的慢；一定要顶得住最后的快。人生正该如此。

此后，我跑过一个又一个全马，在杨凌受过伤，在临沂创造过 PB（Personal Best 的简称，个人最好成绩），可是，眼泪再也没有找过我。

一起跑

跑步，我快把武汉三镇都搅动了，可就是没带动老婆孩子。儿子正上高中，学习紧得连呼吸都要抽空，不加入也正常。老婆是旗帜鲜明地反对跑步。

我不止一次劝她跟我一起跑，直劝到她大光其火。她的理由非常充分：其一，她天生就讨厌跑步，枯燥无味，她宁愿打羽毛球，或者做家务；其二，她的腿打羽毛球受过伤，经常复发，我拉她跑步，就是居心不良。

我连忙举手投降，转身出门，到外面去找跑友们一起跑。跑友越来越多，黑冷马群已经装不下了，于是，武汉单独分离出来，建了一个“黑冷马群汉马跑团”，成员迅速增长到四十多人。

形势发生转变，是在我搬新家之后。我买了新房，离以前的小区有十多公里，搬迁之后，老婆再想找以前小区的那些球友打羽毛球，就非常困难了。吃完晚饭，她闲在家里无聊，我趁机做思想工作，让她跟我到江边跑步。这回，她没有说不，而是问该怎么跑。我一听有门，就大手一挥，说好办，先买一双美津浓的跑鞋。

一双专业的跑鞋绝对是跑步入门最好的老师。她穿上跑鞋就惊讶不已，连连赞叹，从来没有穿过这样舒服的鞋。

那还等什么？跑吧！我把她带到江边，沿着绿道跑，距离远近、速度快慢全随她。她热了，我帮她拿外套，她手机太重，给我……我就像一台拖拉机，跟在她身边，耐心缓慢，决不能超过她一毫米。

一趟跑下来，她大呼，跑步原来这么舒服。我说，是呀，跑步就是这么舒服。

从此，她跟上了我的节奏，每次都是我们俩一起到江边去跑步。日复一日，她已经真正爱上了跑步，现在，如果谁约她散步，她会觉得不好玩，还是跑步舒服。更让她意想不到的是，打羽毛球落下的老伤竟然在跑步中已经消失了。

第一个堡垒攻克了，剩下的就是儿子了。这回相对容易，因为老婆是我的战友了。儿子正上高二，是理科实验班化学竞赛组的主力成员，化学竞赛已经进入冲刺阶段。我们想一起去参加杨凌马拉松，在征得他的同意之后，我给他老师打电话请假，老师竟然没有反对。

老婆训练时间短，还不敢挑战半马，只参加了迷你马拉松。儿子没有经过训练，直接站到了赛场上。我的目的是想让他来感受一下就好，估计他能跑十几公里就不错了。没料到他一直跑过了半马，跑到了三十一公里，才打电话给我，说他受不了了。我说，你已经很了不起了，快上收容车吧。

杨凌之行肯定烙在了他的心里，他在报北京大学自主招生的自荐信中，还专门写到了这次马拉松对他的意义不同一般。

马拉松有意义吗？意义在哪里？很多人问过我，我也追问自己，问到最后，就哑口无言了。我真的不想在这个问题上纠结，我只想说，如果喜欢，就跑吧，只要在跑，就好。跑步是一件说不清的事，或者说，在不同的阶段，我对跑步的理解是不一样的。

在完成了 N 个全马之后，我现在更愿意去享受，而不是争先。我参加了武汉马拉松，不是自己奔跑，而是带着一个岁数比我大的哥们儿完成他的首马。我在荆门马拉松赛道上，带着一个岁数比我小的哥们儿完成他的首马。他们痛苦，我就安慰；他们撞墙，我就鼓励；他们找到了信心，我就喝彩……

马拉松到底是什么？我说不清楚，但我可以肯定，马拉松绝不仅仅是跑步——也许只有跑了，才会明白。那么，不用多说了，跑，就好。